I0566738

DISCLAIMER

The author and publisher are providing this book and its contents on an "as is" basis and make no representations or warranties of any kind with respect to this book or its contents. The author and publisher disclaim all such representations and warranties, including but not limited to warranties of merchantability. In addition, the author and publisher do not represent or warrant that the information accessible via this book is accurate, complete, or current.

Except as specifically stated in this book, neither the author nor publisher, nor any authors, contributors, or other representatives will be liable for damages arising out of or in connection with the use of this book. This is a comprehensive limitation of liability that applies to all damages of any kind, including (without limitation) compensatory; direct, indirect, or consequential damages; loss of data, income, or profit; loss of or damage to property; and claims of third parties.

BESTACTIVITYBOOKS.COM

FIRST EDITION - Published 2022

Extra Graphic Material From: www.freepik.com
Thanks to: Alekksall, Starline, Pch.vector, Rawpixel.com, Vectorpocket, Dgim-studio, Upklyak, Macrovector, Stockgiu, Pikisuperstar & Freepik.com Designers

This Book Comes With Free Bonus Puzzles

Available Here:

BestActivityBooks.com/WSBONUS20

5 TIPS TO START!

1) HOW TO SOLVE

The Puzzles are in a Classic Format:

- Words are hidden without breaks (no spaces, dashes, ...)
- Orientation: Forward & Backward, Up & Down or in Diagonal (can be in both directions)
- Words can overlap or cross each other

2) ACTIVE LEARNING

To encourage learning actively, a space is provided next to each word to write down the translation. The **DICTIONARY** allows you to verify and expand your knowledge. You can look up and write down each translation, find the words in the Puzzle then add them to your vocabulary!

3) TAG YOUR WORDS

Have you tried using a tag system? For example, you could mark the words which have been difficult to find with a cross, the ones you loved with a star, new words with a triangle, rare words with a diamond and so on...

4) ORGANIZE YOUR LEARNING

We also offer a convenient **NOTEBOOK** at the end of this edition. Whether on vacation, travelling or at home, you can easily organize your new knowledge without needing a second notebook!

5) FINISHED?

Go to the bonus section: **MONSTER CHALLENGE** to find a free game offered at the end of this edition!

Want more fun and learning activities? It's **Fast and Simple!**
An entire Game Book Collection just **one click away!**

Find your next challenge at:

BestActivityBooks.com/MyNextWordSearch

Ready, Set... Go!

Did you know there are around 7,000 different languages in the world? Words are precious.

We love languages and have been working hard to make the highest quality books for you. Our ingredients?

A selection of indispensable learning themes, three big slices of fun, then we add a spoonful of difficult words and a pinch of rare ones. We serve them up with care and a maximum of delight so you can solve the best word games and have fun learning!

Your feedback is essential. You can be an active participant in the success of this book by leaving us a review. Tell us what you liked most in this edition!

Here is a short link which will take you to your order page.

BestBooksActivity.com/Review50

Thanks for your help and enjoy the Game!

Linguas Classics Team

1 - Antiques

I	E	O	Y	Y	Y	S	M	M	D	X	R	X	F	Y	W
L	D	K	V	Z	V	Y	F	A	F	G	C	D	O	W	C
Z	M	O	O	F	A	L	I	M	N	U	R	O	W	C	À
X	T	H	W	B	R	Q	F	T	O	M	H	T	H	U	W
Ò	V	W	O	O	A	B	Ọ	D	I	W	E	R	E	U	Ò
B	G	K	M	I	D	D	R	C	T	K	Y	U	Q	A	R
Q	Z	B	A	V	M	I	Ọ	Q	C	F	I	K	X	G	Á
X	C	X	Ó	X	D	D	W	D	U	E	X	A	M	Z	N
X	O	T	G	L	X	A	Ọ	S	A	O	E	Q	O	I	A
O	Q	E	U	Y	Ó	C	W	D	I	O	J	G	D	D	R
F	A	E	H	E	V	G	Ọ	Ṣ	Ọ	P	U	Z	O	W	O
O	B	I	D	V	H	J	B	H	Q	E	A	S	D	W	W
I	G	B	A	G	B	Ü	C	Ò	R	S	W	D	O	Z	A
T	M	A	T	W	T	A	R	A	Ó	A	O	Q	A	T	R
X	R	M	S	A	F	D	D	A	W	L	F	F	T	D	I
Q	V	U	M	R	W	H	G	Y	C	A	L	W	Z	R	A

AWORAN
AUCTION
ODODO
ORUNMILA
OWO
OWA
ỌṢỌ
IFỌRỌWỌWỌ
ÀWÒRÁN
IDOWO
IGBAGBÜ
ÒGBÓLÓGBÒÓ
IYE
DARA
IPADADA
ERE
ARA
ALASEPO

2 - Food #1

A	P	E	H	A	T	A	R	A	W	S	Y	B	R	D	B
I	L	I	S	A	B	O	I	T	Ọ	Ọ	R	A	K	Z	T
P	E	U	Y	X	U	U	F	Q	G	Y	H	U	C	A	U
O	M	N	B	M	S	T	E	U	O	B	I	D	S	A	N
S	S	Ọ	A	O	H	X	M	Z	U	K	B	X	U	M	A
E	E	M	U	S	S	D	X	X	C	O	W	O	G	R	G
G	O	Ẹ	H	U	D	A	L	A	S	K	M	W	A	R	B
M	M	L	H	K	O	Q	J	X	W	W	C	Q	R	V	E
X	A	S	K	F	J	S	Y	K	C	T	U	N	I	P	K
V	K	R	D	L	E	L	A	I	H	K	J	L	K	T	Y
L	Y	X	J	W	V	A	G	T	B	A	R	L	E	Y	U
K	I	N	N	A	M	O	N	R	O	I	F	A	O	D	Q
A	K	A	R	A	O	Y	I	N	B	O	L	H	V	U	T
G	D	S	C	H	H	L	I	U	M	T	Z	J	Z	G	V
O	U	J	C	Z	O	E	R	C	E	V	X	T	U	C	Y
I	T	L	X	A	D	X	D	B	Y	H	R	E	L	T	F

BARLEY
BASILI
AKARA OYINBO
KARỌỌTI
KINNAMON
ATA
OJE
LẸMỌNU
WARA
ALUBOSA

EPA
ESO PIA
SALAD
IYỌ
OBI
OWO
SUGAR
TOFU
TUNA
TUNIP

3 - Measurements

I	V	G	E	C	H	F	X	A	D	Q	K	G	R	A	M
Ọ	N	O	T	M	V	Ú	Y	H	I	T	I	W	D	Z	A
B	G	C	D	R	A	N	X	K	U	Q	L	L	E	Y	R
T	I	B	H	K	G	S	A	G	B	O	O	F	G	O	G
O	I	N	Ẹ	K	I	E	S	Y	W	W	M	Z	M	U	O
R	F	L	M	N	G	U	Z	K	Q	Z	I	H	I	K	L
B	L	M	E	H	J	M	A	O	A	S	T	W	D	J	I
C	D	Q	T	J	Y	Ẹ	B	Y	T	E	E	D	Y	E	K
K	R	M	E	I	J	I	N	L	E	C	R	E	K	D	T
V	E	Z	R	E	T	I	L	Y	U	N	Q	C	K	H	B
V	L	A	U	W	S	T	F	E	M	U	F	I	R	W	B
Q	G	A	R	M	Ì	W	Ò	K	M	O	X	M	A	Y	D
C	G	F	O	W	J	G	Q	R	F	E	E	A	Q	M	G
Y	O	S	E	V	D	O	B	Q	F	H	U	L	R	V	X
S	K	O	B	G	B	E	B	X	Z	D	M	E	H	L	T
C	Q	R	X	L	I	S	E	J	U	F	G	Y	V	L	Q

BYTE
ỌGBẸNJẸ
DECIMAL
IKẸNI
IJINLE
GRAM
GIGA
INCH
KILOGRAM
KILOMITER
AGBO
LITER
MASS
METER
ISEJU
OUNCE
TON
ÌWÒ
FÚN

4 - Farm #2

M	Y	A	Ọ	G	Y	B	E	O	F	H	V	J	E	H	T
F	E	G	D	Y	K	A	J	S	T	D	O	D	G	X	F
L	F	U	Ọ	R	V	R	N	Y	O	E	W	E	B	S	D
Z	W	T	A	I	Z	L	U	L	L	A	M	A	E	L	F
S	F	A	G	T	I	E	O	G	F	A	X	L	T	M	W
A	D	N	U	R	O	Y	D	C	L	W	W	O	A	B	O
G	T	Y	N	T	H	T	A	Ì	R	Ò	Y	Ì	N	B	W
G	J	Q	T	D	Z	O	B	O	T	I	D	K	Q	M	I
O	X	I	A	R	A	W	G	C	T	U	G	Q	I	E	N
K	O	K	N	A	R	Ẹ	A	D	F	K	R	O	D	A	D
O	D	I	C	H	A	E	T	R	A	C	T	O	R	D	A
S	H	W	U	C	U	B	T	J	W	G	F	U	C	O	M
E	T	U	J	R	V	M	À	E	Y	I	N	K	U	W	I
V	V	X	N	O	O	T	O	J	X	J	F	V	V	A	L
I	R	C	O	L	O	G	B	O	L	E	G	M	H	W	L
M	V	A	M	E	W	X	G	R	A	G	T	I	C	C	D

ẸRANKO
BARLEY
ABÀ
EYIN
AGBADO
EGBETA
OLOGBO
OUNJE
ESO
ÌRÒYÌN
ỌDỌ AGUNTAN
LLAMA
MEADOW
WARA
ORCHARD
AGUTAN
TRACTOR
EWE
OHUN
WINDAMILL

5 - Books

H	X	S	U	O	R	O	M	U	H	K	À	K	L	M	D
L	S	T	Z	K	Ṣ	R	K	W	X	O	E	B	B	G	G
T	C	S	Q	R	M	Ẹ	I	W	E	K	Y	X	Á	F	M
T	A	I	B	I	T	X	R	U	O	S	J	C	O	N	W
A	L	A	G	B	E	K	A	Ọ	R	X	S	F	Q	Ì	Ú
T	E	F	F	G	G	F	R	K	Í	J	W	O	O	Y	I
R	Ẹ	R	Ẹ	G	G	C	E	E	K	D	F	V	K	Á	M
L	Y	W	W	Q	F	K	T	X	Ì	I	U	B	O	W	G
F	U	D	T	F	I	C	I	P	E	F	T	L	R	Ì	R
I	J	Ọ	R	Ọ	O	W	L	E	V	O	N	A	O	T	F
F	O	A	R	U	N	G	W	I	C	X	S	E	N	Í	S
F	G	H	A	A	K	S	J	B	D	F	H	H	W	T	H
E	Y	E	Q	Z	A	U	B	F	B	J	S	Y	T	Ó	A
H	H	Q	Q	Z	H	O	R	I	N	V	L	S	L	L	W
I	G	B	A	G	B	Ọ	D	L	A	I	I	X	L	O	M
O	E	M	S	T	A	J	I	V	V	G	B	D	M	E	F

ÌWÁYÌN
ORÍKÌ
IGBAGBỌ
ORO
ALAGBEKA
EPIC
ITAN
HUMOROUS
OṢẸRỌ
LITERARI
OLÓTÍTÌ
NOVEL
OJU
ORIN
EWI
ONKA
RẸRẸ
IJỌRỌ
ÀBÁNÚ
KỌ

6 - Meditation

D	T	L	S	A	A	A	N	U	X	Q	R	F	W	I	E
L	E	R	L	L	R	I	B	X	O	K	A	N	B	M	D
O	K	U	F	A	H	L	T	V	R	S	I	C	Q	O	A
Z	R	I	J	F	U	U	R	C	E	T	D	O	H	R	A
T	K	S	Q	I	O	M	X	M	B	M	E	Y	R	A	Q
A	R	I	E	A	T	V	W	I	M	X	L	A	R	I	A
O	O	R	E	H	T	Q	H	I	I	Y	R	R	D	M	N
F	L	I	E	U	T	Z	H	G	Y	I	U	E	V	D	I
K	Z	O	A	Q	T	U	M	Y	H	D	R	J	Y	C	M
M	´	Ẹ	P	Ọ	B	J	T	F	Q	U	I	Y	Q	K	F
R	Ẹ	H	O	O	A	O	S	U	L	K	G	M	I	M	I
B	Ṣ	H	A	Q	Q	T	B	U	T	U	B	W	Z	Q	X
G	I	Q	A	E	B	I	U	W	Z	U	E	B	R	R	Q
B	V	A	G	J	M	G	O	U	B	S	K	V	J	J	C
E	W	Z	O	T	U	S	H	Y	Q	M	A	J	K	U	T
I	P	A	L	Ọ	L	Ọ	B	G	A	B	G	I	J	Z	R

IGBAGBỌ
JI
MIMI
TUTUTU
ITOJU
AANU
IMORA
ỌPẸ́
IṢẸ́
AYO
OORE
OPOLO
OKAN
IGBEKA
ORIN
EDA
ALAFIA
IRISI
IPALỌLỌ
ERO

7 - Days and Months

J	O	T	Z	T	J	O	T	T	L	R	E	M	N	V	X
O	S	U	K	Ẹ	J	Ọ	J	U	I	O	H	A	O	V	K
O	S	U	K	S	A	N	H	O	E	S	O	R	M	D	K
O	J	O	S	A	B	A	T	I	A	S	E	C	B	S	U
Z	E	K	W	C	W	J	J	L	W	J	D	H	A	U	A
L	Z	K	J	U	L	Y	S	D	X	E	E	A	L	N	G
E	A	Ẹ	T	A	H	E	Q	W	G	T	W	L	Y	D	H
O	M	R	O	J	O	B	O	O	W	D	O	O	R	A	K
J	C	I	C	K	H	G	J	M	C	J	J	L	A	Y	A
O	Y	N	I	R	N	U	K	O	G	T	O	B	U	J	L
J	Z	E	C	Y	O	C	H	I	Q	G	O	E	R	J	Ẹ
I	I	C	D	I	Q	Q	C	M	O	R	J	B	B	Y	N
J	A	V	U	Q	W	H	L	B	X	Q	E	Y	E	J	D
I	X	L	G	S	K	J	A	M	G	O	G	G	F	R	A
U	J	T	U	U	X	T	F	U	Y	S	W	O	D	O	F
O	D	U	N	J	A	B	D	G	E	U	Q	D	B	E	A

KẸRIN
OSU KẸJỌ
KALẸNDA
FEBRUARY
OJO JIJI
OKUNRIN
JULY
MARCH
OJO AJE
OSU
NOMBA
OCTOBER
OJO SABATI
OSU KSAN
SUNDAY
OJOBO
TUESDAY
OJO WEDE
OSE
ODUN

8 - Energy

V	T	S	H	M	I	E	J	H	X	L	F	G	K	O	K
Q	U	F	B	F	K	Z	S	K	I	M	O	T	O	G	Á
P	E	T	O	L	U	B	T	D	J	D	H	W	T	Q	R
H	X	U	T	I	A	I	N	A	J	J	R	Z	O	S	B
C	F	D	Ò	E	X	M	A	E	T	S	Y	O	F	T	O
B	J	U	G	H	L	H	G	U	T	C	P	B	G	C	N
A	J	W	B	L	V	W	N	T	S	R	O	L	R	E	U
T	Q	J	Ó	F	T	R	E	U	G	V	R	V	A	E	N
I	J	K	N	Y	X	D	G	N	O	R	T	C	E	L	E
R	A	Y	Á	J	U	C	V	O	I	V	N	Y	L	E	Y
I	X	K	I	Y	Q	U	H	Y	D	B	E	K	C	C	W
I	S	E	I	S	E	G	Z	E	O	V	R	G	U	F	O
J	L	T	S	Y	F	X	L	D	T	E	Q	U	N	Y	W
W	Z	X	U	A	A	A	V	I	I	E	C	I	T	A	Y
D	I	E	S	E	L	E	L	E	C	T	R	I	C	Q	E
A	U	Y	B	F	X	A	S	E	J	E	S	Q	E	S	K

BATIRI
KÁRBON
DIESEL
ELECTRIC
ELECTRON
ENGAN
ENTROPY
AYIKA
EYONU
PETOLU
ÒGBÓNÁ
HIDROGEN
ISE-ISE
MOTO
NUCLEAR
FOTO
IDOTI
STEAM
TURBINE
ASEJE

9 - Archeology

À	S	O	F	Ọ	X	X	T	L	D	W	L	A	W	C	H
O	Ì	Q	T	D	O	O	E	M	R	O	Y	G	Q	H	D
M	I	M	F	U	B	V	M	F	M	E	R	B	B	G	E
O	H	R	Ọ	N	W	U	P	X	O	E	J	A	U	K	S
L	K	M	Y	`	W	X	L	Z	Q	L	T	G	C	C	E
O	E	B	M	L	S	Y	I	R	I	S	A	B	F	U	N
G	J	E	B	À	G	B	Á	Y	É	W	R	E	K	H	D
B	D	I	I	G	B	E	Y	E	W	O	E	E	X	H	A
O	F	B	E	G	B	E	L	N	I	T	N	U	H	O	N
N	W	O	R	E	L	I	C	A	U	R	Q	O	L	Y	T
Q	U	J	S	U	W	J	C	U	Y	G	M	S	H	G	I
Q	L	I	S	S	O	F	Y	Z	K	Y	N	A	M	U	W
Q	E	Q	E	U	B	A	R	V	B	V	S	U	O	G	N
E	V	H	I	G	O	L	U	W	A	D	I	L	G	L	F
Ọ	J	Ọ	Ọ	R	Ọ	T	S	H	B	Z	X	L	T	E	O
Q	D	C	L	L	L	V	I	M	S	S	L	O	M	I	H

OHUN TINLE
ÀGBÁYÉ
EGUNGUN
ỌJỌỌRỌ
DESENDANTI
ERA
IGBEYEWO
OLOGBON
AGBAGBE
FOSSIL
ASIRI
OHUN
RELIC
OLUWADI
EGBE
TEMPLI
IBOJI
ÀÌMỌ̀
ỌDUN

10 - Food #2

B	F	S	Ṣ	O	G	E	D	E	B	F	O	Y	T	I	G
W	S	E	R	Ẹ	Z	Q	X	G	G	K	E	K	O	O	Y
V	O	L	Y	D	Ẹ	C	T	B	J	T	F	F	M	E	Q
Z	L	E	H	D	T	R	U	G	O	Y	U	P	A	D	V
S	O	R	Z	J	E	F	I	G	X	J	F	U	T	U	F
U	C	I	B	B	W	G	R	X	R	Z	F	K	I	H	O
Y	I	Q	M	D	Q	M	O	O	I	I	W	B	B	B	K
C	H	O	C	O	L	A	T	E	C	G	Q	A	G	Y	L
S	Z	V	J	D	X	H	Y	Ẹ	E	B	G	O	C	S	A
Q	C	Q	D	Q	I	Z	B	G	F	A	J	E	X	E	B
M	R	V	V	Z	S	Q	L	E	T	Ọ	W	D	D	A	J
B	À	W	A	R	A	N	K	A	N	K	D	K	C	R	J
S	J	E	L	S	Z	U	L	O	Ẹ	I	D	A	V	R	S
O	Á	U	M	U	Z	H	S	C	X	W	Y	Y	E	J	W
C	R	G	G	Q	C	O	I	Y	D	I	L	Ẹ	H	O	J
Q	À	A	T	I	S	H	O	K	I	Y	S	G	E	X	V

APU
ATISHOKI
OGEDE
ẸFỌ
SELERI
WARANKA
ṢẸẸRI
ADIẸ
CHOCOLATE
ẸYIN
IGBA
EJA
ÀJÁRÀ
HAM
KIWI
OLU
RICE
TOMATI
OHUN
YOGURT

11 - Chemistry

A	O	M	Ọ	L	O	U	F	K	G	I	K	Q	O	H	L
P	L	M	Y	O	X	D	X	I	L	L	Á	L	W	A	D
I	N	K	I	H	I	I	J	G	B	R	R	S	X	A	W
N	U	U	A	A	D	L	L	Y	R	A	B	J	U	B	F
N	C	D	H	L	H	T	W	S	Q	X	O	R	G	E	G
Ọ	L	Y	F	B	I	I	Q	U	J	Á	N	Ó	B	G	Ò
W	E	O	Y	K	S	N	Ú	K	Í	R	O	B	M	R	A
A	A	X	I	G	O	O	E	N	I	R	O	L	H	C	S
T	R	Y	N	T	W	I	E	N	Z	Y	M	E	G	W	J
Q	O	G	O	H	I	D	R	O	G	E	N	R	X	A	I
T	H	E	R	I	G	Ú	N	Ì	W	Ò	E	Y	A	G	S
K	G	N	T	B	O	E	C	U	M	J	B	J	C	W	E
F	S	B	C	T	R	B	E	C	Y	M	E	E	I	H	Y
Q	W	X	E	I	V	A	T	O	M	I	K	A	D	J	A
Y	R	Q	L	K	W	L	S	K	Q	A	I	O	W	D	F
M	O	L	E	K	U	Z	I	A	G	H	U	X	L	Q	W

ACID
ALKALINE
ATOMIKA
KÁRBON
AWỌN NIPA
CHLORINE
ELECTRON
ENZYME
GAS
ÒGBÓNÁ
HIDROGEN
ION
OMI
MOLEKU
NUCLEAR
ORÍKÚN
OXYGEN
IYỌ
IGÚN
ÌWÒ

12 - Music

L	V	O	R	W	J	F	S	Z	R	R	E	K	U	G	L
K	Y	Ọ	R	H	Q	R	O	W	Y	H	T	V	Y	B	A
V	K	R	N	Í	Y	Y	G	Z	L	E	N	U	H	O	I
E	X	Ọ	I	S	K	T	B	A	L	L	A	D	T	H	G
Z	X	R	R	C	Q	Ì	H	S	R	K	T	X	X	U	B
L	W	Ọ	O	C	A	Ẹ	O	M	H	T	Y	H	R	N	A
L	Q	B	L	J	D	L	D	N	I	R	O	K	A	G	G
I	J	I	O	M	A	I	S	I	H	C	S	J	R	B	B
X	M	H	I	C	L	S	Z	R	F	Y	G	J	E	O	Ü
T	E	M	P	O	A	A	D	O	A	H	V	I	P	H	S
C	H	O	R	U	S	B	T	K	D	S	B	M	O	U	V
Y	U	D	X	Y	T	G	O	F	H	V	X	Y	K	N	C
X	J	H	U	Z	U	I	K	H	E	S	A	L	B	U	M
I	J	T	J	D	T	B	K	A	S	A	S	I	K	A	V
M	K	C	L	A	U	G	B	Q	T	H	L	S	A	F	M
K	X	G	B	B	J	R	O	H	E	O	K	Ọ	R	I	N

ALBUM
BALLAD
CHORUS
KASASIKA
IGBAGBÜ
ỌRỌRỌ
LYRICAL
ALADA
GBOHUNGBOHUN
ORIN
OLORIN
OPERA
ORÍKÌ
GBIGBASILẸ
RHYTHM
RHYTHMIC
KỌRIN
AKORIN
TEMPO
OHUN

13 - Family

A	U	N	T	Z	G	M	O	R	V	O	I	L	A	H	H
G	K	I	T	D	Y	E	O	M	J	K	C	B	R	O	Y
F	T	K	O	Y	E	A	M	I	O	O	W	B	E	R	B
B	M	I	V	X	G	H	O	Y	N	D	E	A	V	J	Z
À	B	G	À	B	G	À	B	A	I	F	E	B	F	S	I
B	B	F	H	D	K	G	I	W	R	N	C	A	I	R	B
Á	U	H	D	R	E	X	N	O	N	I	Y	M	D	I	O
B	R	Q	E	I	Z	L	R	D	U	R	U	A	C	M	O
Ọ	M	Ọ	D	E	Q	G	I	B	K	N	H	L	T	G	M
G	F	E	I	R	Z	O	N	O	A	I	W	O	T	Y	O
O	B	Ì	N	R	I	N	H	Y	R	B	M	F	K	Q	S
H	H	U	L	J	F	L	T	J	A	A	A	O	O	U	J
O	M	O	O	L	O	D	U	M	A	R	E	B	Q	D	R
V	X	B	I	G	D	J	H	E	U	A	I	L	A	Y	I
A	K	O	M	O	A	R	A	K	U	N	R	I	N	B	O
D	C	D	M	Z	Ì	Y	Á	U	W	H	G	S	V	T	A

BÀBÁ
AUNT
ARAKUNRIN
OMODE
OBÌNRIN
OMOBINRIN
BABA BABA
OMO OLODUMARE
OKO
OMO OBI
ÌYÁ
OMO ARAKUNRIN
ỌMỌDE
BABA
ARABINRIN
IBEJI
ÀGBÀGBÀ
IYAWO

14 - Farm #1

H	O	W	O	K	T	I	Ẹ	A	N	U	F	L	A	K	K
S	K	G	M	A	L	U	Ṣ	W	O	S	E	R	U	W	E
R	O	V	B	Z	O	C	I	Ọ	S	W	R	E	O	S	W
O	R	C	M	E	M	L	N	N	I	H	T	E	C	A	Y
D	T	I	H	R	I	F	G	I	B	Ẹ	I	D	A	L	N
I	I	Q	C	Q	Q	M	V	R	Z	T	L	X	J	Z	R
H	A	Y	R	E	Q	D	D	U	Z	Ẹ	I	S	A	T	A
B	H	Y	S	U	E	H	V	G	L	K	Z	R	E	E	G
Q	H	E	Q	V	J	J	Z	B	O	E	E	R	O	H	G
O	K	O	D	U	C	K	V	I	R	K	R	S	E	C	Z
E	L	Y	J	C	E	Y	B	N	F	Y	S	M	J	W	Y
Q	U	I	W	C	K	A	B	E	F	F	D	V	C	G	T
F	R	N	T	X	M	X	I	L	E	Y	V	K	W	K	Q
L	Z	A	G	R	I	W	L	O	T	D	Q	R	R	K	S
H	V	S	X	V	H	M	H	S	O	F	E	G	J	T	S
U	E	Z	U	C	Z	S	I	H	T	F	I	E	W	O	X

OGBE
BEE
BISON
KALFUN
NLA
ADIẸ
MALU
KOWO
AJA
KEKẸTẸ
ODI
FERTILIZER
OKO
EWURE
HAY
OYIN
ẸṢIN
RICE
AWỌN IRUGBIN
OMI

15 - Camping

M	Ò	K	Ò	K	Ò	M	R	B	S	K	I	W	S	À	S
U	H	B	Z	F	J	A	N	I	G	I	V	F	D	G	W
K	H	H	C	W	L	P	G	K	L	O	C	A	B	Ọ	L
B	O	C	A	Ì	W	Á	Y	Ì	N	I	B	A	C	´	B
L	Y	Q	O	M	A	R	V	W	B	Y	F	Q	K	Z	Z
D	T	T	K	F	M	E	K	A	L	E	V	X	M	B	V
A	T	L	N	I	Z	O	B	G	I	F	U	N	F	Y	I
M	A	M	A	C	R	N	C	E	Q	Y	S	S	M	H	Q
M	B	J	R	O	D	A	R	K	F	J	U	F	R	Q	J
E	D	A	Ẹ	M	W	C	W	A	H	D	S	Q	V	W	R
K	K	J	V	P	F	D	R	O	Y	F	O	E	Y	C	U
I	K	Ò	E	A	F	W	G	E	M	R	W	U	O	Q	Z
I	U	O	C	S	U	E	Z	R	J	T	B	X	V	V	G
L	I	D	I	S	R	B	Y	C	L	A	Q	O	Z	R	Q
A	I	E	A	G	Y	M	O	I	L	A	V	A	H	K	J
H	D	F	B	T	W	G	B	O	R	W	H	J	A	O	A

ÌWÁYÌN
ẸRANKO
CABIN
CANOE
COMPASS
INA
IGBO
FUN
HAMMOCK
ILA
ODE
ÒKÒKÒ
LAKE
MAP
OSUSU
ÒKE
EDA
KIRA
ÀGỌ́
IGI

16 - Algebra

E	Q	N	U	L	O	I	I	F	H	Z	F	N	O	A	Z
L	X	I	R	T	A	M	I	S	N	S	M	Ọ	H	W	J
B	V	P	R	A	L	H	U	P	O	Y	F	M	U	O	O
A	C	O	O	V	I	W	K	U	I	R	I	B	N	R	A
I	R	L	R	N	D	O	T	R	T	N	O	A	U	A	X
R	T	I	U	A	E	R	F	Y	A	A	M	V	R	N	A
A	C	A	K	R	A	N	U	J	U	E	R	O	Ọ	A	H
C	L	I	O	O	Q	Y	T	S	Q	Z	A	G	R	W	O
L	W	G	Y	W	A	F	U	E	E	F	F	I	Ọ	O	C
A	B	D	I	A	S	I	J	D	X	O	H	W	R	R	Y
M	I	U	Q	I	W	R	O	A	M	R	Q	W	V	A	Q
L	M	H	A	F	V	Y	L	F	M	M	Q	E	C	N	U
F	V	M	T	F	K	D	L	K	I	U	J	I	T	W	O
Z	M	B	Q	M	S	T	X	K	C	L	E	K	Y	Z	P
F	U	X	L	Y	Y	D	A	V	G	A	Z	E	R	O	O
U	H	C	V	L	J	X	D	B	M	T	M	R	V	T	R

AWORAN AWORAN
EQUATION
EXPONENT
OHUN
ERO
FORMULA
IPIN
AWORAN
AILOPIN
ILA
MATRIX
NỌMBA
ISORO
OPO
RỌRỌRUN
OJUTU
IYOKURO
ARIABLE
ZERO

17 - Numbers

C	M	I	Ò	K	Ẹ	W	À	Á	Q	E	F	V	K	K	G
L	B	E	V	G	S	M	W	T	O	B	J	M	Ẹ	E	I
W	X	Z	G	E	Ú	K	E	J	Ì	L	Á	A	T	R	V
E	D	T	X	T	M	N	E	F	J	R	X	R	A	E	M
L	F	J	V	J	G	A	I	G	E	G	S	U	C	C	B
E	H	K	C	Q	R	S	G	B	J	K	U	N	Á	O	H
K	Z	M	M	F	Q	E	F	Q	D	L	E	Q	L	S	O
E	O	W	À	L	Ì	M	N	Ú	R	Ò	C	J	N	T	G
T	E	R	I	N	D	I	N	L	O	G	U	N	I	A	B
A	E	X	A	K	U	W	X	T	K	Ẹ	R	I	N	L	L
K	Ẹ	Ẹ	Ẹ	˜	D	Ó	G	Ú	N	U	R	J	Ì	N	A
E	U	U	D	B	V	B	S	L	C	S	W	E	J	I	M
R	U	O	E	M	Ẹ	J	Ọ	M	Ọ	V	L	M	Ẹ	R	I
K	T	R	I	M	K	U	R	C	O	K	Q	X	M	E	C
B	Q	Y	J	G	E	O	H	D	M	R	A	G	Y	K	E
V	A	F	E	M	E	J	E	L	D	K	V	N	O	G	D

DECIMAL
MẸJỌ
MẸJÌNINLÁ
KẸẸẸ̃DÓGÚN
MARUN
KẸRIN
KERINLA
MESAN
ÒRÚNMÌLÀ
ỌKAN
MEJE
KEJÌLÁ
MEFA
ERINDINLOGUN
KẸWÀÁ
ELEKETA
KẸTA
EKEJILA
ÒGÚN
MEJI

18 - Spices

L	M	B	R	D	A	T	A	K	D	Y	C	J	V	S	I
P	R	B	B	A	L	M	S	I	U	Y	T	F	A	A	Y
R	A	A	M	T	A	O	O	N	N	H	S	H	N	Q	Ọ
D	V	P	B	I	S	M	B	N	O	R	C	S	I	X	D
T	Z	W	R	K	O	A	U	A	R	U	U	K	L	M	W
E	B	U	G	I	U	D	L	M	F	A	M	E	L	E	J
K	Ọ	R	I	N	K	R	A	O	F	J	I	E	A	C	Z
R	Y	T	J	K	O	A	A	N	A	F	N	R	J	M	S
E	F	M	I	U	A	C	W	R	S	Z	E	G	G	M	K
D	W	X	H	Z	Q	T	G	R	I	B	S	N	W	T	M
N	U	T	M	E	G	K	S	D	E	C	I	E	N	C	U
A	A	I	J	O	A	B	I	C	H	X	N	F	M	E	Ẹ
I	S	E	T	Z	I	O	J	L	Q	O	A	J	C	M	L
R	Z	L	I	C	O	R	I	C	E	A	M	X	T	B	A
O	B	G	O	C	I	K	V	A	E	X	Z	H	D	W	T
K	L	R	F	J	D	B	G	U	O	J	S	T	F	B	A

ANISE
KỌRIN
CARDAMOM
KINNAMON
KORIANDER
CUMIN
KURARI
FENNEL
FENGREEK
ALASO
ATA
ATALẸ
LICORICE
NUTMEG
ALUBOSA
PAPRIKA
SAFFRON
IYỌ
DUN
VANILLA

19 - Universe

I	H	R	C	D	O	S	U	S	U	C	T	T	R	S	Z
S	O	K	C	C	W	Y	S	B	Y	F	E	C	M	G	I
K	R	Z	U	R	A	F	S	G	D	I	L	Q	T	A	H
Y	I	A	O	I	R	J	R	V	K	Q	E	S	J	Y	V
L	Z	X	S	D	I	G	V	O	Q	S	S	A	A	W	G
G	O	D	T	T	I	R	T	R	A	O	C	V	T	Y	H
A	N	A	R	E	E	A	I	B	R	L	O	T	M	C	A
G	A	L	A	X	Y	R	C	I	Q	S	P	B	O	S	U
O	K	U	N	K	U	N	O	T	R	T	E	Z	S	W	I
V	R	C	O	S	M	I	C	I	J	I	D	S	P	B	C
F	O	Z	L	Y	F	L	D	Q	D	C	V	S	H	T	H
T	T	S	J	X	N	U	O	E	F	E	F	I	E	M	A
L	A	T	I	T	U	D	E	Z	C	C	Q	L	R	X	X
M	U	A	O	B	R	M	E	Z	D	A	A	E	E	O	R
O	Q	Y	R	V	O	A	W	Ọ	R	Ọ	W	Ọ	R	Ọ	B
M	E	R	C	A	U	H	E	M	I	S	P	H	E	R	E

ASTEROID
AWỌRỌWỌRỌ
IRAWO
ATMOSPHERE
SILE
COSMIC
OKUNKUN
EQUATOR
GALAXY
HEMISPHERE
HORIZON
LATITUDE
OSUSU
ORBIT
SKY
ORUN
SOLSTICE
TELESCOPE
ARA
ZODIAC

20 - Mammals

T	B	B	A	V	K	R	N	I	Ṣ	Ẹ	C	T	J	Q	B
A	E	Z	J	H	A	E	L	A	H	W	O	S	K	D	A
O	A	V	G	M	N	V	A	T	G	S	Y	W	Z	Z	E
L	R	A	J	I	G	A	R	A	I	Q	O	H	D	H	I
Y	O	J	C	J	A	E	B	K	R	O	T	D	H	M	L
K	Ì	N	Ù	N	R	B	E	A	A	W	E	K	O	V	Q
O	B	I	I	E	O	S	Z	X	F	A	J	R	C	L	B
E	K	H	B	R	O	M	W	T	F	I	S	N	X	I	X
R	O	P	K	U	E	F	A	G	E	S	K	A	J	A	Y
E	A	L	K	O	H	T	L	A	J	Y	U	T	R	C	B
O	M	O	W	Ò	B	B	L	W	I	C	O	U	K	W	S
Z	U	D	Z	F	K	O	I	F	G	D	W	G	G	X	B
Z	Z	V	F	E	H	O	R	O	H	S	J	A	M	W	D
F	U	Y	R	S	F	A	O	G	L	Q	S	X	S	D	U
Q	D	X	D	S	T	A	G	K	A	J	W	H	B	L	O
R	S	E	V	K	A	I	E	W	Ì	M	Á	L	À	Á	H

BEAR
BEAVER
MÁLÀÁ
NLA
COYOTE
AJA
DOLPHIN
ERIN
AKATA
GIRAFFE
GORILLA
ẸṢIN
KANGAROO
KÌNÙN
OBO
EHORO
AGUTAN
WHALE
ÌKOOKÒ
ZEBRA

21 - Fishing

B	E	T	O	O	K	U	N	I	R	N	U	K	O	Ì	W
I	A	B	A	G	H	O	X	D	Y	K	D	S	L	W	K
H	Y	I	A	S	I	K	O	W	G	E	T	Z	E	Ò	G
O	M	I	T	Ṣ	Z	L	D	A	F	V	C	H	Q	A	C
S	U	U	R	U	E	S	O	Z	I	O	O	L	W	L	O
F	T	S	V	E	C	Ṣ	U	V	D	F	R	Y	I	X	C
B	M	R	Q	X	A	R	E	O	M	X	D	D	G	J	S
A	G	B	O	N	T	M	L	B	C	K	E	U	I	L	G
A	A	À	W	T	M	G	Y	S	G	Y	J	A	L	K	J
Ò	K	Ì	S	Q	M	J	M	X	E	O	L	A	L	X	L
K	M	J	O	Ọ	R	Ẹ	F	A	S	W	K	S	S	Y	K
Ú	Z	C	A	A	D	B	H	K	U	U	D	X	M	S	G
N	B	Z	Z	D	K	Ù	K	V	O	G	V	F	B	H	X
O	G	U	C	L	W	W	N	B	I	O	G	B	R	O	B
S	K	S	J	D	E	R	H	Z	F	E	O	M	A	A	D
I	V	U	L	A	K	E	E	F	T	J	O	U	F	I	Z

BAIT
AGBON
ETO-OKUN
OKUNRIN
ṢẸṢE
ẸRỌ
ÀSỌDÙN
GILLS
ÌKÒ
ABA
LAKE
ÒKÚN
SUURU
ODO
ASIKO
OMI
ÌWÒ

22 - Bees

Ọ	V	A	C	M	E	G	H	I	Y	G	I	A	D	O	S
R	G	G	G	R	G	A	I	N	I	Y	O	O	J	R	B
Z	F	B	M	A	B	A	Y	A	D	D	S	W	Y	I	X
Q	J	O	À	W	E	I	K	A	Y	F	U	I	U	S	E
U	U	G	K	S	U	S	B	F	A	Q	N	F	G	I	E
X	O	Z	M	H	D	Y	Y	N	U	Y	L	T	S	R	O
E	O	U	N	J	E	Ò	Y	A	W	D	F	P	G	I	K
W	C	Ò	K	Ò	K	Ò	D	I	A	K	T	O	B	S	T
Y	G	O	D	O	D	I	W	Ò	X	Z	E	L	I	I	H
C	J	G	S	U	U	F	I	B	D	R	E	L	G	G	M
I	J	I	Q	Y	E	W	E	J	H	Ó	F	I	B	W	A
G	F	Q	U	E	S	P	O	L	L	E	N	N	E	R	B
Y	K	E	W	R	Y	T	S	S	W	Z	Y	A	H	W	C
M	Y	H	J	X	U	T	E	I	U	U	I	T	U	I	X
Y	B	U	M	S	I	B	I	M	Q	V	B	O	W	X	T
G	X	A	G	V	H	I	V	A	U	I	R	R	G	Q	C

ANFAANI
IDODO
ORISIRISI
ECOSYSTEM
ÒDÒDÓ
OUNJE
ESO
ỌGBÀ
GBIGBE
HIV
OYIN
ÒKÒKÒ
EGBE
POLLEN
POLLINATOR
AYABA
SIBI
SUN
SWARM
WAX

23 - Job Skills

U	I	M	M	Y	O	D	Z	Ọ	T	H	Q	A	Z	L	Y
C	V	B	W	A	S	L	I	`	W	F	H	J	B	O	L
A	U	F	A	D	E	L	E	W	Z	U	L	A	V	E	U
I	S	C	M	R	A	B	A	Ọ	C	C	H	I	W	L	V
O	F	D	J	I	A	M	F	`	X	R	J	G	B	O	L
M	C	Ọ	Í	E	I	Ẹ	O	R	E	S	I	J	O	J	W
X	F	B	R	L	J	U	N	A	R	I	I	F	M	C	B
G	F	K	Í	Ọ	W	K	U	I	G	M	A	U	P	Q	M
W	H	Y	R	M	W	E	Y	M	S	V	I	S	A	O	J
O	D	O	D	Ọ	R	Ọ	W	Ọ	R	Ọ	F	I	T	M	Ì
D	L	O	D	O	D	O	W	V	V	M	R	J	A	I	Ṣ
X	I	Ó	M	I	M	Y	E	Ọ	X	K	U	Ọ	P	N	À
G	I	R	R	G	Q	M	H	B	R	J	E	W	A	I	K
H	A	I	V	Í	W	B	Z	E	Q	Ọ	W	O	T	R	Ó
C	A	R	A	S	M	A	T	I	C	W	D	K	A	A	S
A	G	B	A	G	B	Ọ	R	J	Q	V	Y	M	Z	L	O

AGBAGBỌ
FIIRAN
ODODO
CARASMATIC
IBARAẸNISỌRỌ
IFỌRỌWỌWỌRỌ
ELEDA
IFỌRỌWỌRỌ
DODO
RÍRÍ
ORE
OMINIRA
OLÓRÍ
ÌṢÀKÓSO
PATAPATA
ỌWỌ
OJISE

24 - Photography

W	C	F	W	E	V	J	V	M	D	I	G	V	C	T	E
K	I	Ọ	N	U	M	E	C	I	S	R	J	D	H	B	Z
X	J	Ọ	X	K	R	R	R	T	D	I	W	S	V	Z	I
R	C	R	K	E	A	M	B	U	S	S	O	J	I	J	I
O	X	Ọ	A	F	G	N	R	M	W	I	M	H	G	D	D
A	J	Q	M	L	T	A	K	O	N	A	H	I	F	A	M
M	E	I	Ẹ	S	G	R	Ì	A	K	O	K	O	Ọ	R	Ọ
W	H	D	R	R	T	O	M	T	N	K	L	C	S	G	G
A	I	Y	A	J	Ò	W	À	T	À	O	B	C	E	D	I
B	U	I	B	S	Ì	A	Q	G	I	N	A	V	G	S	C
G	T	C	I	Q	Y	A	R	J	R	C	À	F	U	E	T
H	D	Q	X	Z	À	D	U	D	U	J	O	N	X	J	H
K	T	E	W	X	N	U	K	N	U	K	O	M	B	X	B
R	Z	C	W	V	L	R	G	W	Z	C	O	Z	C	C	W
V	B	D	W	C	Ẹ	S	S	C	Z	O	C	K	T	O	J
A	S	O	J	U	`	Q	M	J	A	J	T	X	J	H	W

DUDU
KAMẸRA
ÀWÒ
AWURE
ÌTÀNÀN
OKUNKUN
ITUMO
AFIHAN
FỌỌRỌ
ÌYÀNLẸ̀
NKANKAN
IRISI
AWORAN
OJIJI
KOKO-ỌRỌ
ASOJU
OJU

25 - Weather

P	Y	I	N	Y	I	N	X	A	R	M	I	A	A	V	M
O	R	A	I	N	B	O	W	Y	R	C	L	W	T	W	À
L	D	Q	J	Ú	S	B	C	X	D	A	F	Ọ	M	F	N
A	J	A	I	G	M	K	Q	C	I	Y	K	S	O	A	À
R	C	T	N	I	B	O	J	T	J	I	V	A	S	F	M
K	S	H	H	R	S	Y	B	U	D	T	X	N	P	E	Á
G	G	B	E	L	O	Z	I	T	L	I	O	M	H	F	N
L	M	R	W	H	M	T	L	U	H	H	R	A	E	E	Á
V	L	A	C	I	P	O	R	T	E	T	M	S	R	J	Q
M	C	V	D	Q	J	Z	M	U	J	V	O	K	E	E	T
H	U	S	J	I	D	I	X	O	X	B	N	R	F	S	K
E	C	V	I	Q	U	Q	J	L	U	O	S	T	H	A	K
I	S	B	Y	H	Z	R	T	E	D	G	O	F	T	G	M
I	E	C	W	M	C	T	G	U	J	B	O	J	O	Z	A
K	R	D	B	U	Z	Y	Z	V	H	E	N	U	T	M	E
V	L	Q	C	M	F	I	U	C	O	J	W	V	W	X	D

ATMOSPHERE
TUTUTU
AFEFE
AWỌSANMA
OGBE
GGBE
FOG
EJIJI
YINYIN
MÀNÀMÁNÁ
MONSOON
POLAR
RAINBOW
SKY
IJI
IGÚN
ARA
TORNADO
TROPICAL
ASEJE

26 - Adventure

T	A	A	B	O	M	A	H	M	T	G	Ẹ	Ṣ	I	Q	E
I	L	D	I	L	C	L	K	U	L	M	V	L	T	L	E
T	T	G	E	I	H	A	T	T	L	V	U	V	I	R	M
U	O	R	B	L	K	S	B	A	Ì	A	W	I	N	Q	I
N	E	K	D	M	Ì	E	T	S	Y	F	L	W	E	R	O
J	Y	Y	E	U	T	P	C	E	À	K	U	J	R	D	K
Z	M	V	V	J	A	O	J	S	N	B	J	R	Y	Y	G
O	U	X	S	Y	R	K	T	E	L	O	I	S	E	Ì	C
O	K	F	C	K	A	L	I	W	Ọ	W	T	X	H	G	I
U	A	N	F	A	A	N	I	A	´	E	O	S	Z	B	Ẹ
L	R	K	U	C	B	Q	C	O	F	V	T	Z	D	Á	W
A	W	Y	E	X	C	U	R	S	I	O	N	Ì	Ì	Y	A
V	Y	J	J	X	G	O	W	Y	R	M	R	Ṣ	P	À	L
A	X	O	J	H	V	Y	F	E	R	Q	F	Ò	A	N	D
E	J	U	V	Q	B	I	K	V	R	G	C	R	R	L	L
S	C	X	E	O	M	J	S	C	F	O	B	O	Á	E	I

IṢẸ
ẸWA
ÌGBÁYÀN
ASESEWA
EWU
ÌYÀNLỌ
ÌṢÒRO
ÌTARA
EXCURSION
ORE
ITINERY
AYO
EDA
LILO
TITUN
ANFAANI
ÌPARÁ
AABO
ALASEPO

27 - Restaurant #2

G	E	O	L	O	H	U	N	S	C	Y	D	H	V	D	G
T	O	Z	R	S	A	K	A	L	I	M	O	E	W	T	T
L	F	R	G	E	W	E	R	A	U	B	W	Z	R	I	D
R	O	Y	Í	K	M	H	I	Ọ	Y	I	I	J	W	D	D
E	J	Y	Y	K	K	O	M	L	I	S	Z	T	O	R	W
T	W	B	L	I	Ò	R	O	Z	N	D	M	U	R	V	V
X	M	R	Y	Q	G	I	B	O	Y	M	X	L	A	Y	C
A	J	E	V	C	N	K	N	L	I	V	R	I	W	J	C
G	T	U	A	W	O	I	I	J	N	K	L	M	T	Q	H
B	Y	Z	R	O	J	Q	Y	X	A	J	D	O	U	L	X
A	F	S	D	G	Y	T	O	Ẹ	K	D	Q	O	V	A	W
R	S	D	L	I	H	W	A	U	T	A	H	O	W	X	G
A	A	O	E	Q	R	O	R	U	D	U	L	O	E	K	F
L	L	X	W	E	R	E	A	O	U	N	J	E	A	L	E
B	A	Q	B	Q	F	D	K	S	K	R	H	J	S	S	I
Z	D	K	S	D	R	A	A	D	M	C	Y	U	W	J	F

OMIRAN
AKARA OYINBO
AGBARA
OLOHUN
OUNJE ALE
ẸYIN
EJA
ORIKI
ESO
YINYIN
SALAD
IYỌ
OBI
ORÍKÒ
SIBI
EWE
OLUDURO
OMI

28 - Geology

K	U	B	L	C	O	Z	K	N	A	J	U	B	A	V	Q
L	A	D	W	Ò	K	Ó	Y	À	Z	W	C	U	G	B	T
I	E	L	L	X	U	L	I	Y	Y	X	L	E	B	W	Z
S	Y	A	I	U	T	E	G	Ì	Q	F	J	E	A	Z	C
S	A	Ọ	U	S	A	L	J	J	B	U	X	L	Y	F	E
O	L	C	E	Y	I	F	T	Ì	V	F	A	N	E	V	G
F	O	N	A	C	L	O	V	A	V	Z	K	R	W	V	E
Ì	G	B	Ì	Y	À	N	M	D	U	B	R	E	T	W	Y
E	I	Q	Z	A	S	E	V	U	G	F	I	V	V	Z	S
S	T	A	L	A	C	T	I	T	E	P	S	A	Y	L	E
A	C	I	D	Q	I	G	D	W	V	L	T	C	U	R	R
W	L	K	B	C	H	A	K	C	B	A	A	G	M	Y	F
L	U	A	G	I	H	F	X	C	L	T	A	Y	M	K	I
K	O	R	A	L	Z	C	C	E	A	E	L	U	C	E	L
R	W	X	Q	Y	Q	H	Y	K	V	A	Q	C	G	A	R
C	C	C	Q	A	D	D	J	X	A	U	X	T	J	C	E

ACID
KALISIOMU
CAVERN
AGBAYE
KORAL
KRISTAAL
ÀYÓKÒ
ÌGBÌYÀN
ÌJÌYÀN
FOSSIL
GEYSER
LAVA
LAYE
ILU
PLATEAU
QUARTZ
IYỌ
STALACTITE
OKUTA
VOLCANO

29 - House

F	A	X	W	A	T	E	R	A	Z	Ọ	H	D	D	A	F
W	T	M	M	W	W	A	Y	A	R	A	G	I	T	Z	Y
V	T	C	X	U	U	L	R	Q	N	H	Y	B	M	B	L
L	I	D	O	R	H	K	B	I	U	I	O	G	À	X	U
W	C	G	Z	E	I	E	C	Y	K	G	I	W	Ọ	R	Ọ
D	Z	T	U	T	D	E	V	A	E	I	N	B	T	I	I
I	Ẹ	J	H	G	Q	V	Q	W	L	D	I	M	I	F	S
I	L	E	I	D	A	N	A	O	I	T	T	D	X	Ọ	F
X	I	A	L	I	L	E	U	V	I	S	Ọ	A	A	R	E
Q	P	J	X	U	K	W	D	G	F	Q	B	J	T	Ọ	R
H	I	D	X	D	R	H	G	B	O	L	N	X	U	W	E
J	B	D	T	C	L	O	L	G	O	I	Ọ	Z	P	Ọ	S
G	A	R	A	G	E	W	I	E	W	I	W	D	A	W	E
I	U	Q	O	R	Q	B	H	T	C	V	A	T	F	Ọ	A
L	R	M	R	D	J	R	C	T	X	T	Q	E	F	X	V
G	Q	O	Z	O	B	Y	Z	T	E	J	M	Q	G	B	L

ATTIC
IPILẸ
IYAWO
AWURE
ILEKUN
IBI INA
ILE
IFỌRỌWỌWỌ
GARAGE
ỌGBÀ
AWỌN BỌTINI
ILE IDANA
ATUPA
IWE IWE
DIGI
ORULE
YARA
IWỌRỌ
ODI
FERESE

30 - Physics

X	C	H	E	I	C	L	E	C	O	Y	L	T	Y	Y	H
M	A	S	S	M	M	A	G	N	E	T	I	S	M	G	I
Ọ	U	B	A	U	W	S	Y	O	L	W	M	C	U	I	Y
B	D	Y	J	G	F	R	U	R	E	W	H	T	F	J	A
G	O	U	C	B	O	E	N	T	T	J	X	Q	I	Ọ	R
A	T	O	M	O	R	V	U	C	I	O	V	W	I	R	A
B	U	T	V	R	M	I	C	E	I	T	O	J	U	Ọ	L
G	Q	A	V	O	U	N	L	L	M	Ì	R	Á	N	T	Í
I	D	H	V	O	L	U	E	E	L	D	F	M	A	L	D
W	M	M	I	S	A	G	A	Ì	S	L	U	O	G	T	F
O	U	U	W	I	L	C	R	W	M	D	V	L	N	O	L
A	W	Ọ	N	Ẹ	R	Ọ	W	Ò	J	E	T	E	E	M	V
R	W	B	T	P	A	R	T	I	C	L	E	K	S	E	J
D	A	Y	W	Q	D	G	A	Q	M	Y	A	U	O	R	U
D	J	I	Y	E	X	V	T	B	E	U	E	K	C	L	L
J	O	M	L	K	Ẹ	K	A	M	I	H	Y	Q	F	C	K

ITOJU
ATOM
ÌRÁNTÍ
KẸKAMI
ÌWÒ
ELECTRON
ENGAN
IMUGBOROOSI
FORMULA
IGBAGBỌ
GAS
MAGNETISM
MASS
AWỌN ẸRỌ
MOLEKU
NUCLEAR
PARTICLE
IJỌRỌ
UNIVERSAL
IYARA

31 - Bathroom

K	A	N	R	I	N	K	A	N	I	O	H	L	M	F	J
M	B	Ú	C	G	S	V	G	Y	W	L	L	W	F	Z	L
B	L	K	O	I	R	G	Z	M	Ọ	O	Y	J	K	Z	A
K	B	Í	B	D	O	U	V	A	R	F	C	T	B	O	H
O	L	N	F	L	S	X	G	H	Ọ	I	M	O	H	V	H
C	X	O	Z	S	S	M	Y	I	B	N	H	W	S	G	Z
B	O	I	D	R	I	T	B	W	W	W	O	O	C	A	Ọ
O	V	Q	A	G	S	T	R	J	G	E	O	H	D	V	Ṣ
X	M	E	Z	H	V	H	O	J	R	I	D	E	O	F	Ẹ
F	W	D	G	X	A	S	O	T	U	G	Y	E	E	M	A
M	A	E	T	S	T	H	H	G	I	B	O	V	A	I	X
E	T	U	K	G	O	A	R	A	P	I	T	Y	B	L	M
B	O	H	C	R	X	M	X	V	U	N	E	I	B	B	F
V	W	Y	E	E	Y	P	F	B	W	L	R	I	E	M	D
O	E	W	O	L	T	O	Y	U	S	E	D	Z	T	B	X
G	L	I	F	B	A	O	C	V	S	Q	E	R	X	Z	Z

IWE
ONÍKÚN
FAUCET
IPARA
DIGI
OLOFIN
RUG
SISSORS
SHAMPOO
IWỌRỌ
ỌṢẸ
KANRINKAN
STEAM
IGBINLE
TOWEL
OMI

32 - Dance

A	F	X	Q	R	À	Y	Z	E	H	U	D	G	E	K	T
K	H	L	R	S	H	W	A	W	O	R	A	N	I	U	H
I	I	M	O	R	A	Y	Ọ	O	O	R	E	O	F	E	F
Y	B	K	V	L	Z	A	T	N	M	J	Y	X	H	X	L
E	L	N	I	P	I	L	G	H	Ọ	W	W	O	Q	Q	O
S	A	H	H	G	J	S	T	E	M	`	R	L	D	A	Q
I	A	S	A	O	A	Q	Q	I	Q	Ẹ	R	Ẹ	Ṣ	I	O
N	S	A	A	I	K	A	I	K	Q	A	Y	Ọ	U	B	R
´	U	U	K	R	X	K	U	H	L	K	A	B	`	X	I
Ẹ	I	K	E	Y	A	I	B	I	L	E	L	H	B	R	N
B	H	R	B	J	G	S	T	O	X	R	A	L	H	H	Ò
G	O	V	G	L	A	A	O	J	U	M	Y	R	L	C	M
Á	W	B	I	W	H	S	M	X	U	T	O	U	R	W	R
L	K	X	Y	G	K	A	R	T	E	M	K	Q	M	R	Z
A	X	L	T	H	X	K	U	C	E	Y	C	T	Q	U	I
T	Q	H	K	B	R	I	E	B	R	X	I	Q	S	V	Z

AKIYESI
AWORAN
ARA
ÀWỌN ỌRỌRÒ
KASASIKA
ASA
IMORA
KIAKIA
OORE-OFE
ALAYO
IGBEKA
ORIN
ALÁGBẸNI
IPINLE
IṢẸRẸ
RHYTHM
IBILE
OJU

33 - Shapes

Z	O	R	I	K	Ú	N	Y	I	Z	Y	A	I	S	E	W
U	Q	E	Y	A	B	G	A	O	G	W	R	K	A	L	B
O	J	T	C	M	J	O	T	E	B	U	C	Q	E	L	F
B	V	A	C	O	U	Y	O	Y	G	N	N	T	M	I	A
Q	F	N	O	G	Y	L	O	P	J	O	S	L	E	P	L
S	F	G	S	D	O	Z	G	Y	C	K	G	T	I	S	F
K	A	L	A	V	O	O	I	X	X	I	A	I	U	E	H
W	X	E	T	A	K	Y	Z	A	M	S	I	R	P	B	X
H	Y	P	E	R	B	O	L	A	F	I	E	G	V	G	V
C	L	F	M	F	I	V	R	D	R	L	X	Y	L	E	Y
B	W	C	Q	E	H	L	S	Q	Y	I	R	L	F	O	I
H	L	I	W	J	H	A	A	O	F	N	I	E	W	A	X
B	R	O	B	H	X	O	H	Q	T	D	H	Y	Q	G	A
P	Y	R	A	M	I	D	S	I	I	A	B	V	U	T	E
J	R	M	W	K	L	M	L	X	R	M	X	J	F	F	S
U	J	I	X	E	Z	U	O	R	M	K	V	S	A	M	G

ARC
AGBAYE
KONU
IGUN
CUBE
IKÚN
SILINDA
ELLIPSE
HYPERBOLA
ILA
OVAL
POLYGON
PRISM
PYRAMID
RETANGLE
EGBE
META

34 - Scientific Disciplines

G	I	Q	D	B	L	B	A	I	I	L	X	A	Y	B	A
A	E	L	I	X	L	Y	R	T	M	L	A	E	E	C	R
N	U	O	W	A	R	I	A	E	N	E	U	F	K	E	C
A	Y	J	L	U	W	L	W	I	I	O	W	I	D	Y	H
T	E	A	W	O	H	I	Ọ	V	S	J	K	E	L	A	E
O	Q	T	C	V	G	W	N	V	I	A	T	G	K	U	O
M	U	X	T	L	A	Y	Ẹ	J	A	Ẹ	J	A	I	J	L
I	W	Ọ	R	Ọ	N	Ọ	R	Ọ	Ọ	R	Ẹ	D	N	O	O
J	U	C	M	B	Z	Q	Ọ	B	R	W	D	O	E	U	G
Ẹ	`	R	Ọ	`	Ì	R	Á	N	T	Í	K	R	S	J	Y
K	E	M	I	S	T	R	I	M	L	T	M	O	I	O	G
B	I	O	C	H	E	M	I	S	T	R	Y	E	O	E	O
U	F	J	T	X	Y	S	U	E	A	T	C	D	L	B	L
S	O	C	I	O	L	O	G	Y	R	G	E	E	O	O	O
Y	T	Q	Z	X	I	A	F	B	A	J	I	Q	G	A	C
U	I	C	U	K	A	T	K	B	B	T	K	L	Y	L	E

ANATOMI
ARCHEOLOGY
IRAWO
BIOCHEMISTRY
ISINMI
EWE
KEMISTRI
ECOLOGY
GEOLOGY
AJẸ AJẸ
KINESIOLOGY
ORO EDE
AWỌN ẸRỌ
OJU OJU AYE
ILU ILU
ẸRỌỌRỌNỌRỌ
ARA
ẸRỌ ÌRÁNTÍ
SOCIOLOGY
EBO

35 - Science

W	B	A	R	A	F	B	E	A	K	D	T	H	F	R	T
U	Q	K	F	Y	O	U	G	P	A	F	E	F	E	Z	F
O	T	I	T	O	F	J	B	A	U	Q	H	E	C	B	S
I	R	Y	X	R	S	M	E	J	I	J	I	S	M	R	D
U	K	E	L	O	M	S	H	U	S	R	D	D	C	S	I
W	Y	S	T	Y	O	K	I	Y	W	O	W	Z	H	F	H
U	J	I	H	T	T	R	M	L	X	V	K	O	D	H	I
Q	R	E	H	W	A	T	A	S	O	C	E	V	W	M	D
A	M	U	S	T	L	L	K	À	G	B	À	G	B	À	A
D	D	Y	À	R	À	W	Ẹ	U	V	I	V	U	L	U	G
W	A	A	O	S	H	X	K	B	C	U	A	H	Z	S	B
O	L	T	N	Z	A	A	U	I	S	K	H	Y	B	L	A
X	R	U	A	W	V	R	R	L	I	L	U	D	B	U	S
I	E	U	E	M	O	Q	E	D	A	D	J	F	V	D	O
E	F	O	L	O	G	B	I	N	T	Y	U	R	U	D	K
Ọ	`	N	À	R	Z	T	I	U	I	T	D	L	G	A	E

ATOM
KẸKAMI
AFEFE
DATA
IDAGBASOKE
ADANWO
OTITO
FOSSIL
JIJI
ÀGBÀGBÀ
YÀRÀ
ỌNÀ
ILU
MOLEKU
EDA
AKIYESI
APA
ARA
EGBE
OLOGBIN

36 - Beauty

O	P	I	V	K	K	V	L	H	B	B	C	E	T	I	I
L	H	R	A	D	L	Z	C	X	D	K	R	R	C	O	S
O	O	A	I	O	S	V	X	G	U	D	S	B	E	U	R
F	T	N	R	G	Y	A	R	N	U	K	I	N	U	H	O
I	O	T	B	D	B	R	K	L	M	E	E	G	L	X	S
N	G	I	A	D	I	A	O	W	W	U	D	O	I	I	S
U	E	A	U	E	W	E	G	O	O	P	M	A	H	S	I
C	N	B	J	T	M	A	J	B	R	U	Q	R	X	L	S
O	I	M	A	S	C	A	R	A	Ü	E	W	A	G	U	L
L	C	M	P	I	X	E	G	G	O	U	O	D	M	C	K
V	À	W	I	L	F	I	O	K	E	V	V	F	K	Y	W
S	W	Y	F	Y	I	Z	U	G	Z	J	I	D	E	C	F
V	Ò	A	I	T	U	X	Y	E	D	Y	Z	X	B	Z	D
J	E	W	F	S	D	W	K	B	C	E	S	E	S	C	K
X	T	K	W	G	I	G	A	X	C	M	L	Q	I	K	M
O	B	Ò	G	Ú	N	A	M	Z	K	X	J	E	X	K	D

ÀWÒ
OHUN IKUNRA
CULS
IGBAGBÜ
DARA
ÒGÚN
OORE-OFE
IRANTI
IFIPAJU
MASCARA
DIGI
PHOTOGENIC
OLOFIN
SISSORS
SHAMPOO
ARA
STYLIST

37 - Clothes

D	N	U	G	A	J	N	F	H	H	Á	I	U	Q	A	A
F	O	O	Z	T	G	S	S	K	I	R	T	E	C	W	S
À	W	Ò	R	Ò	B	C	M	W	A	E	E	Á	Q	U	O
Q	O	F	E	P	V	A	J	S	K	T	D	L	P	R	W
G	B	B	S	O	A	R	V	X	I	A	K	J	Y	E	O
S	T	V	T	K	L	F	O	W	E	E	J	Y	Q	H	A
W	M	I	V	M	I	K	O	O	J	S	G	L	X	U	B
V	I	X	S	K	C	L	U	A	L	U	Y	M	H	Z	G
L	M	E	G	S	D	Y	T	K	V	H	K	Q	Z	O	E
P	A	J	A	M	A	S	R	G	Ü	B	G	A	B	G	I
G	S	S	K	O	J	A	C	K	E	T	A	D	G	U	Z
C	E	L	B	K	M	M	V	I	Y	L	B	T	Z	N	Y
Y	S	A	S	A	S	I	T	X	T	I	Y	F	A	I	K
S	E	E	T	I	J	E	A	N	A	S	O	W	I	F	E
Q	C	S	A	A	U	V	T	D	M	R	F	H	H	A	A
B	B	E	C	H	V	A	W	C	Z	T	H	C	Z	G	T

APRON
IGBAGBÜ
AWURE
EGBA OWO
ASO
NJAGUN
IWOSAN
ILA
JACKET
JEAN
PAJAMAS
PÁTÁ
OGUN IFA
SCARF
SEETI
BATA
SKIRT
ÀWÒRÒ
SEATER

38 - Ethics

J	O	O	Ì	Y	I	A	H	Y	L	A	T	H	W	U	M
E	L	P	G	O	H	U	N	V	S	A	E	B	R	D	M
U	O	T	B	S	G	U	I	U	U	N	F	O	I	R	I
V	H	I	À	H	S	D	L	V	U	U	M	P	F	O	K
L	U	M	G	Ọ	`	W	Ọ	`	R	F	F	O	A	O	D
F	N	I	B	B	U	L	G	F	U	Z	L	W	R	R	I
M	H	S	À	O	N	I	G	B	A	G	B	O	A	E	P
Q	I	M	I	D	X	Z	A	J	V	T	T	S	D	W	L
K	X	J	Y	O	L	Z	I	L	R	B	O	O	A	E	O
F	F	C	E	D	D	V	F	F	T	W	M	W	F	W	M
X	T	Z	O	O	I	H	M	U	C	R	I	O	H	Y	A
C	B	X	E	C	T	L	X	K	C	O	U	F	Y	X	T
D	J	T	R	L	O	E	N	I	Y	A	N	I	K	E	I
V	Y	Q	O	R	T	K	Q	W	E	E	E	V	S	V	C
H	O	G	B	O	N	S	H	A	O	O	X	T	H	M	A
R	U	J	G	H	H	O	J	Q	H	W	W	T	F	S	I

ALTRUISM
AANU
IFOWOSOWOPO
IYÌ
DIPLOMATIC
ENIYAN
ONIGBAGBO
ODODO
OORE
OPTIMISM
SUURU
ÌGBÀGBÀ
OHUN
OLOHUN
ỌWỌ
IFARADA
IYE
OGBON

39 - Insects

L	D	U	S	Y	L	F	N	O	G	A	R	D	C	R	E
A	V	R	A	L	A	H	B	B	B	U	E	W	I	T	Q
B	O	H	R	I	Y	M	Ú	Ṣ	E	D	B	Y	C	S	C
A	F	Z	K	L	B	D	H	G	E	Z	A	Y	A	I	W
L	Y	U	V	Z	O	G	S	S	T	N	A	H	D	X	U
A	Y	K	Z	I	L	X	R	A	L	O	J	C	A	A	K
B	M	F	H	W	H	F	B	H	E	O	Z	E	E	X	L
A	H	P	B	E	E	G	L	L	O	K	I	Z	L	X	E
T	A	R	S	M	O	U	R	Y	I	H	Q	C	F	R	Y
A	B	F	Y	A	G	R	A	S	S	H	O	P	P	E	R
H	C	M	S	N	W	L	M	G	O	U	I	H	Y	G	J
J	À	Y	B	T	L	E	E	M	O	S	Q	U	I	T	O
Q	Q	K	D	I	H	P	A	Z	X	O	J	A	H	A	C
K	F	Q	Ù	S	T	E	R	M	I	T	E	I	T	O	K
K	I	B	Q	K	S	I	V	R	E	C	W	J	H	Z	K
O	H	Z	J	U	Ọ	K	H	H	D	M	I	Ọ	D	A	C

ANT
APHID
BEE
BEETLE
LABALABA
CICADA
ÀKÙKỌ
DRAGONFLY
FLEA
GRASSHOPPER
LADYBUG
LARVA
EṢÚ
MANTIS
MOSQUITO
TERMITE
WASP
IJỌ

40 - Astronomy

S	C	C	X	B	G	X	I	S	E	Y	I	K	A	E	Z
O	U	T	L	F	F	O	Z	F	H	B	K	N	W	Q	O
M	S	P	Z	M	D	T	D	G	W	S	U	O	Ọ	U	D
S	U	Y	E	T	U	O	Z	W	E	A	T	I	R	I	I
O	S	K	Y	R	A	U	R	I	O	E	E	T	Ọ	N	A
C	O	K	A	M	N	H	Q	A	M	R	I	A	W	O	C
M	L	H	S	K	Z	O	G	Y	D	M	T	L	Ọ	X	Q
E	C	L	I	P	S	E	V	F	W	I	I	L	R	W	V
A	S	T	E	R	O	I	D	A	S	E	A	E	Ọ	L	A
A	S	T	R	O	N	A	U	T	C	G	L	T	F	L	V
R	T	L	T	L	J	L	Y	G	L	A	Ẹ	S	I	Q	T
R	O	C	K	E	T	U	E	W	H	L	T	N	O	O	E
Q	G	E	U	T	M	B	R	E	R	A	A	O	M	G	N
D	E	R	T	I	C	E	O	R	D	X	S	C	Y	J	A
M	Q	U	M	E	U	N	H	C	F	Y	K	S	K	I	L
J	I	Z	W	E	M	B	I	W	G	W	D	U	K	U	P

ASTEROID
ASTRONAUT
AWỌRỌWỌRỌ
CONSTELLATION
COSMOS
AYE
ECLIPSE
EQUINOX
GALAXY
METEOR
OSUSU
NEBULA
AKIYESI
PLANET
RADIATION
ROCKET
SATẸLAITI
SKY
SUPERNOVA
ZODIAC

41 - Health and Wellness #2

N	C	Z	J	D	S	M	H	O	K	Ì	G	E	Ì	E	M
A	S	E	J	X	H	H	F	K	R	W	W	J	M	E	Y
Y	R	J	O	W	S	I	O	T	T	Ò	X	I	Ọ	R	R
I	L	E	I	W	O	S	A	N	Ú	G	Ò	N	´	E	F
N	K	A	L	O	R	I	R	T	I	O	A	I	T	J	T
E	L	U	B	I	B	S	A	A	Q	M	U	T	Ó	E	E
M	E	A	I	C	E	E	W	L	C	O	A	S	T	H	A
I	K	Ọ	R	Ọ	Q	Ṣ	U	A	U	B	J	T	Ó	Q	E
M	C	W	G	A	Q	I	A	R	Ọ	W	Ọ	F	I	K	D
O	A	R	D	Z	B	X	B	A	A	R	Q	O	C	V	B
T	Q	O	K	Y	J	G	Y	G	S	D	D	K	B	F	A
A	E	Q	D	A	I	S	A	N	C	L	A	L	O	L	B
N	O	H	L	I	R	I	I	E	C	V	H	C	Y	F	Q
A	W	T	W	I	I	G	B	A	G	B	O	F	U	H	R
K	Q	C	F	D	L	B	M	C	X	W	B	V	Q	I	Q
O	D	C	O	U	N	J	E	U	F	X	X	R	V	W	W

ALARA
ANATOMI
ENIYAN
EJE
KALORI
ÒGÚN
OUNJE
AISAN
AGBARA
JINI
ILERA
ILE IWOSAN
ÌMỌ́TÓTÓ
IKỌRỌ
IFỌWỌRA
IṢESISI
IGBAGBO
WARA
VITAMIN
ÌWÒ

42 - Disease

A	L	A	I	L	A	G	B	A	R	A	D	I	I	O	Q
E	G	U	N	G	U	N	U	Z	V	N	À	O	N	K	H
Ẹ	`	R	Ò	O	L	X	V	U	A	À	E	L	U	A	H
A	L	A	F	I	A	L	C	G	T	R	W	D	À	N	K
Q	W	C	G	T	A	X	B	S	Ó	`	A	B	Z	N	R
S	Y	N	D	R	O	M	E	U	L	Ọ	B	P	Y	Q	À
Ẹ	`	D	Ọ	`	F	Ó	R	Ó	E	M	N	F	A	J	O
L	Z	T	Y	À	T	B	A	Z	È	Ẹ	U	V	H	P	O
U	T	V	R	Ì	H	I	B	F	R	N	G	F	D	Y	A
A	G	Y	A	J	U	I	M	C	A	Ọ	O	W	F	Q	L
V	G	K	R	Ì	O	G	U	B	N	W	J	Z	K	F	Y
Y	A	B	A	N	K	B	L	A	N	À	A	S	Z	X	R
W	A	B	A	À	F	A	L	Y	I	I	L	E	R	A	I
A	I	L	K	Y	G	G	S	H	N	A	R	S	S	V	V
I	D	V	H	O	E	B	L	M	I	W	B	C	K	S	Z
H	Q	S	O	A	V	Ü	M	H	J	A	G	S	I	D	O

INU
ẸRÒ
ARA
EGUNGUN
ÀLÀNÀ
TÓ LEÈ RANNI
JINI
ILERA
OKAN
AJOGUNBA
ÀÌJÌNÀ
IGBAGBÜ
LUMBAR
ÀWỌN ẸMỌ̀RÀN
Ẹ̀DỌ̀FÓRÓ
AGBAYE
SYNDROME
ARAPAPA
ALAILAGBARA
ALAFIA

43 - Time

O	J	O	I	W	A	J	U	J	E	S	I	H	M	Q	N
R	M	U	Y	T	R	T	R	B	D	Y	W	T	T	G	I
U	U	Y	A	O	E	R	O	F	X	K	L	O	S	E	W
W	F	X	B	J	K	T	A	C	B	J	C	I	E	Q	A
O	W	T	F	O	Z	K	E	G	Q	K	Ọ	V	S	F	J
W	A	A	G	O	C	E	J	C	C	Z	J	Z	C	D	U
M	A	I	O	X	K	J	I	W	S	J	Ọ	L	D	K	J
J	D	K	O	V	W	T	E	S	Y	M	Ọ	O	D	I	J
M	N	T	A	R	O	D	U	N	V	U	Ọ	O	K	H	F
O	Ẹ	D	C	T	U	L	A	I	P	E	D	D	A	T	W
G	L	G	K	C	I	N	A	S	O	O	U	O	W	I	T
U	A	L	O	N	I	I	M	C	V	G	N	D	U	R	Q
I	K	J	V	L	G	S	E	I	J	W	O	O	Z	A	Q
Q	X	G	U	O	H	B	B	E	L	Q	S	I	E	I	D
O	X	D	L	H	U	J	F	D	Q	A	U	A	G	M	Q
T	B	V	F	S	B	Z	Z	Q	F	W	D	D	S	L	G

ODODO
NIWAJU
KALẸNDA
ORUNMILA
AAGO
OJO
ỌJỌỌ ỌDUN
TETE
OJO IWAJU
WAKATI

ISEJU
OSU
OWURO
ORU
OSAN
BAYI
LAIPE
LONI
OSE
ODUN

44 - Buildings

I	I	L	E	I	W	O	S	A	N	I	V	A	S	F	O
K	L	S	Ẹ	A	F	I	L	O	E	L	Q	F	S	W	V
S	E	E	Ṣ	L	W	L	Y	D	B	E	T	T	D	F	C
Y	T	L	I	U	A	W	R	I	G	Ọ	C	B	A	O	R
E	O	T	E	W	O	À	G	F	E	N	I	Z	D	A	C
Y	H	S	L	C	E	R	S	A	B	Ọ	M	C	A	Q	U
Ì	V	A	I	M	Y	À	M	À	G	Ọ	´	A	L	L	N
V	T	C	A	K	I	Y	E	S	I	Z	X	B	N	O	I
Q	L	Á	C	M	Z	M	I	S	J	Q	D	I	A	X	V
U	G	O	T	V	A	M	M	A	Y	C	O	N	J	V	E
B	M	G	G	À	B	A	U	J	Q	L	A	A	Ọ	L	R
C	I	N	E	M	A	H	I	J	Y	A	K	A	E	C	S
G	F	E	U	C	U	B	D	H	O	S	T	E	L	R	I
A	B	C	K	F	F	B	A	R	C	Ṣ	L	A	I	I	T
T	A	D	E	Y	Y	M	T	Ü	B	G	A	B	G	I	Y
G	R	C	A	J	V	V	S	E	G	S	T	F	C	E	X

IGBEGBE
ABÀ
CABIN
CASTLE
CINEMA
AṢOJU
ILE-IṢẸ
ILE IWOSAN
HOSTEL
HOTEL
YÀRÀ
ILE ỌNỌ
AKIYESI
ILE IWE
STADIUM
ILE ỌJA NLA
ÀGỌ́
ÌTÁTÀ
IGBAGBÜ
UNIVERSITY

45 - Gardening

S	D	B	E	H	Z	S	T	R	S	E	J	D	I	W	E
V	A	D	Y	D	C	O	U	K	S	W	R	Y	Q	S	B
M	T	B	T	H	V	Q	G	V	D	A	B	B	C	O	E
J	O	K	E	E	S	O	H	Y	F	W	O	S	Z	L	G
L	T	W	Y	P	C	D	H	Z	E	Ọ	M	I	B	S	U
A	S	I	S	E	O	O	Z	O	Y	N	V	C	K	U	I
C	O	D	A	J	D	L	J	C	Q	I	Q	V	Y	S	R
I	P	K	É	O	O	O	S	V	D	R	A	H	C	R	O
N	M	C	L	T	D	B	M	T	E	U	Q	U	O	B	O
A	O	D	G	J	I	X	B	R	J	G	H	K	V	X	Y
T	C	E	X	O	T	I	C	A	Ọ	B	I	J	T	K	D
O	I	W	L	W	K	R	I	G	R	I	K	O	V	U	O
B	L	E	D	A	F	E	F	E	Ọ	N	Y	L	Q	Y	D
E	J	O	M	I	C	B	H	H	R	I	J	Y	M	O	R
K	U	B	X	E	B	K	S	B	I	X	L	W	L	D	Y
J	U	V	E	R	I	H	B	U	N	A	B	E	A	Z	A

IDODO
EBOTANICAL
BOUQUET
AFEFE
COMPOST
EPO
DÉTI
JEPE
EXOTIC
OLODO
EWE
HOSE
ỌRỌRIN
ORCHARD
ASISE
AWỌN IRUGBIN
ILE
OMI

46 - Herbalism

A	I	T	Z	X	E	O	L	D	C	Ò	V	F	H	Y	O
R	J	A	W	U	F	N	V	Z	G	Z	D	X	H	J	R
O	E	R	H	J	E	O	G	V	H	H	M	O	Y	S	E
M	U	R	V	D	N	G	Y	E	Ọ	G	B	À	D	W	G
A	N	A	M	R	N	Z	T	Q	R	D	I	B	S	O	A
T	J	G	D	F	E	X	A	T	Y	E	H	A	H	U	N
I	E	O	W	H	L	J	T	Ọ	G	B	I	N	W	M	O
C	X	N	B	A	A	Y	A	A	L	A	W	Ọ	E	W	E
T	Y	T	D	U	M	F	Y	R	E	D	N	E	V	A	L
E	G	T	Z	J	C	M	V	M	F	F	O	M	I	N	T
D	E	Z	H	Z	Y	E	Q	I	P	A	R	S	L	E	Y
Z	Z	G	L	Y	M	C	A	L	H	L	F	I	A	B	K
G	X	B	J	T	H	G	B	I	B	C	F	K	H	L	D
Y	H	Q	E	V	Q	K	W	S	I	N	A	A	F	N	A
U	L	B	M	E	O	Y	R	A	M	E	S	O	R	G	B
M	A	R	J	O	R	A	M	B	T	R	A	O	S	O	C

AROMATIC
BASILI
ANFAANI
IJEUNJE
FENNEL
ALASO
ÒDODO
ỌGBÀ
ATA
ALAWỌ EWE
ENGERE
LAVENDER
MARJORAM
MINT
OREGANO
PARSLEY
ỌGBIN
ROSEMARY
SAFFRON
TARRAGON

47 - Vehicles

J	Ọ	I	C	R	F	X	Ọ	E	I	L	B	U	O	O	J
A	`	X	U	V	W	E	X	K	C	K	U	C	Q	S	C
T	R	A	C	T	O	R	R	Q	Ọ	J	F	W	S	U	T
F	Ọ	T	D	K	T	I	E	Y	S	I	U	J	Ọ	B	L
A	`	X	D	O	O	T	T	C	Q	S	R	I	R	M	F
R	`	O	Y	K	M	E	P	X	C	Ọ	U	I	Ọ	A	T
O	Ọ	W	C	A	J	K	O	X	R	Ọ	F	S	N	R	X
I	J	E	K	R	F	C	C	T	F	B	O	J	I	I	G
J	Ọ	L	W	A	M	O	I	W	R	V	O	M	R	N	L
E	L	X	Y	V	W	R	L	G	C	S	K	L	N	E	T
O	N	D	K	A	C	G	E	G	J	X	O	A	U	V	F
S	V	G	V	N	B	A	H	K	A	R	R	A	K	D	C
O	X	F	A	S	C	O	O	T	E	R	O	U	O	J	E
L	F	T	V	N	Ọ	K	Ọ	A	Y	Ọ	K	Ẹ	L	Ẹ	B
T	O	B	Y	C	Z	D	Q	V	F	F	L	X	D	S	K
B	Q	O	O	V	R	Q	K	J	K	U	C	B	R	I	A

OKOOFURUFU
KEJI
OKUNRIN
BỌỌSI
KARAVAN
ENGAN
FERY
HELICOPTER
MOTO
RAFT
ROCKET
SCOOTER
SỌRỌ
SUBMARINE
ỌJỌ̀ Ọ̀RỌ̀
TAXI
TIRE
TRACTOR
ỌKỌ-IRIN
ỌKỌ AYỌKẸLẸ

48 - Health and Wellness #1

A	E	L	N	I	P	I	K	U	U	E	M	V	W	T	O
Z	S	P	U	T	X	F	S	U	V	I	U	Y	U	I	Y
X	I	D	A	I	E	E	A	J	X	R	H	A	R	A	V
M	S	Ó	P	G	Z	H	T	O	H	S	F	T	R	R	X
H	O	K	A	O	L	C	T	T	I	D	H	Y	H	K	F
B	C	Í	P	B	R	C	L	I	N	I	C	X	Z	O	I
R	I	T	A	G	S	S	W	D	D	T	C	I	Q	E	I
C	E	À	R	E	S	H	H	Z	K	Q	H	M	F	N	C
E	Y	F	A	L	C	O	I	J	F	L	S	N	D	A	F
R	B	T	L	E	G	I	G	A	E	G	F	I	B	S	E
L	V	F	F	E	M	F	S	C	E	F	J	S	Y	I	Z
O	G	U	N	L	X	À	G	B	À	J	E	I	T	C	X
D	C	S	Q	I	G	R	B	A	K	T	E	R	I	A	M
A	W	O	N	H	O	R	M	O	N	E	S	K	L	R	M
E	G	U	N	G	U	N	A	W	A	J	L	Y	E	B	I
C	K	I	G	Z	Z	G	J	B	Y	Q	L	X	Q	I	T

OSISE
BAKTERIA
EGUNGUN
CLINIC
DÓKÍTÀ
IFA
ÀGBÀ
GIGA
AWON HORMONES
EBI
EPA
OGUN
ISAN
ILE ELEGBOGI
IPINLE
REFLEX
ISINMI
ARA
ARAPAPA
ITOJU

49 - Town

I	Ì	X	A	G	G	I	K	C	I	I	I	R	O	O	Z
C	T	T	G	L	T	H	H	I	L	L	L	I	K	E	T
O	Z	O	Á	D	H	I	Y	N	E	E	E	L	O	T	X
D	J	J	E	T	O	B	V	E	Ọ	Ọ	I	E	O	E	H
A	J	A	T	I	À	X	L	M	J	N	F	E	F	O	U
Y	C	Y	C	F	H	R	B	A	A	Ọ	O	L	U	J	B
B	E	K	E	R	E	O	Y	T	N	F	W	E	R	T	K
I	L	E	I	W	E	U	T	R	L	A	O	G	U	L	F
V	S	W	J	A	J	D	I	E	A	C	P	B	F	F	A
T	C	I	N	I	L	C	S	T	L	M	A	O	U	G	U
Q	H	E	S	O	Z	A	R	T	X	O	M	G	J	Y	L
X	C	W	I	C	L	Z	E	U	E	L	Ọ	I	J	M	J
Z	G	I	I	V	V	R	V	O	L	O	D	O	D	O	O
X	X	Z	Q	G	D	Y	I	W	K	X	E	O	V	O	F
X	V	D	Z	B	Q	D	N	Á	R	Ò	W	À	T	V	H
E	U	Y	X	A	T	M	U	I	D	A	T	S	T	M	T

OKO OFURUFU
BEKERE
ILE-IFOWOPAMỌ
CINEMA
CLINIC
OLODODO
ÀWÒRÁN
HOTEL
IWE IWE
OJA
ILE ỌNỌ
ILE ELEGBOGI
ILE IWE
STADIUM
ITAJA
ILE ỌJA NLA
ÌTÁTÀ
UNIVERSITY
ZOO

50 - Antarctica

Q	C	R	S	G	C	F	I	D	A	W	U	L	O	S	I
E	G	U	E	Y	V	A	Q	U	K	E	Y	B	Y	A	Ṣ
C	Y	L	U	T	K	N	Ú	G	I	R	O	C	K	Y	I
P	H	H	A	I	T	O	J	U	Y	W	I	K	B	A	Ṣ
A	E	W	D	C	D	D	C	T	E	D	I	M	O	B	I
Q	R	N	Q	J	I	B	C	G	S	R	R	J	E	Y	P
G	U	L	I	Q	S	E	C	E	I	D	I	Y	H	M	O
K	W	Z	E	N	L	Y	R	E	T	E	N	B	J	O	F
M	A	B	X	X	S	E	K	S	O	U	A	C	Z	D	C
L	M	G	A	Y	V	U	D	V	P	Z	J	I	E	I	Q
B	G	M	U	U	A	E	L	A	O	Z	O	S	A	F	F
Y	I	N	Y	I	N	G	L	A	T	O	R	L	R	B	F
O	L	O	G	B	O	N	B	D	X	Y	O	A	G	S	O
R	T	Z	G	E	D	S	K	A	C	F	W	N	C	V	L
K	L	I	E	F	Y	B	S	Y	Y	A	A	D	W	S	U
H	M	A	A	Y	I	K	A	C	C	E	T	V	K	B	Z

BAY
EYE
AWURE
ITOJU
AGBAYE
AYIKA
IRIN AJO
AWORO
GLACIERS
YINYIN
ISLAND
IṢIṢIPO
ILU
PENINSULA
OLUWADI
ROCKY
OLOGBON
IGÚN
AKIYESI TOPO
OMI

51 - Ballet

O	R	S	F	Ì	K	B	K	O	O	W	K	S	T	I	Z
J	L	X	V	P	S	O	Y	O	H	H	I	X	I	H	D
I	N	O	Y	I	Z	C	Ẹ	R	Ẹ	Ṣ	I	Z	E	K	Y
N	A	D	L	N	S	I	O	E	I	U	X	Q	G	J	Z
O	S	G	J	U	D	V	N	O	C	A	S	B	G	A	I
À	I	A	B	H	F	Z	Í	F	F	J	B	E	Q	J	D
R	W	N	H	A	M	E	K	E	I	L	A	N	A	F	S
J	L	Ọ	X	R	R	V	Ú	J	O	L	U	J	G	B	W
J	K	Ẹ	N	A	R	A	N	W	L	U	A	T	Z	H	E
Y	H	Ṣ	D	Ọ	Z	K	Z	K	O	J	E	J	B	Q	X
Z	K	I	C	B	`	F	K	M	G	G	T	K	K	G	Y
O	R	I	N	Y	Y	R	I	T	B	V	D	J	I	S	Q
L	A	E	B	Z	T	E	Ọ	I	O	T	Y	A	A	H	Y
M	T	W	Ì	Ṣ	À	Ṣ	Ẹ	`	N	S	E	C	K	E	S
X	V	A	R	T	S	E	H	C	R	O	O	E	I	T	R
R	H	Y	T	H	M	H	O	R	X	Ò	Y	X	A	T	S

ÌPIN
IṢẸ ỌNA
OLOLUFE
ÀWỌN ỌRỌRÒ
ONÍKÚN
ONIJO
KIAKIA
IṢẸRẸ
OORE-OFE
AGBARA
ISAN
ORIN
ORCHESTRA
ÌṢÀṢẸ
RHYTHM
OLOGBON
ARA
ILANA

52 - Human Body

K	W	B	E	C	H	Q	E	J	I	K	A	O	C	E	S
A	O	A	T	X	H	H	S	Z	I	K	K	R	I	W	A
U	L	K	I	Ú	M	I	E	M	Z	R	Ì	U	G	W	T
T	L	G	O	T	X	G	N	W	V	X	V	N	U	C	R
F	Z	R	E	S	Q	O	S	X	B	K	E	K	K	O	J
I	Q	U	V	U	Ẹ	G	S	I	B	G	H	U	W	B	W
G	J	U	O	B	Z	B	E	O	A	G	G	N	B	T	B
B	U	M	J	Z	U	O	O	L	C	D	K	A	C	S	F
A	B	A	U	V	B	N	A	K	O	R	U	N	Ọ	W	Ọ
L	X	R	U	A	S	U	E	E	H	B	L	H	W	U	E
A	E	A	M	F	A	G	K	W	T	Z	Z	I	T	B	K
A	J	B	X	D	S	N	B	D	J	Z	B	U	K	X	Z
Z	E	C	V	Q	X	U	K	X	D	I	Q	R	L	V	A
L	B	B	V	F	U	G	T	G	Y	K	F	W	X	A	A
R	Q	U	Y	H	Q	E	K	Z	G	I	D	Y	Y	B	Z
C	W	B	M	Y	L	V	L	Z	G	I	X	O	R	I	Y

KOKOSẸ
EJE
EGUNGUN
OGBON
CHIN
ETI
IGBALA
OJU
ÌKA
ỌWỌ
ORI
OKAN
ABA
ORUNKUN
ESE
ENU
ORUN
IMÚ
EJIKA
ARA

53 - Musical Instruments

G	I	C	D	T	G	Z	G	U	R	T	F	Ú	N	S	L
Y	Z	R	V	I	D	B	W	M	P	R	A	H	K	B	V
S	E	U	A	V	W	U	J	X	S	O	X	K	K	T	I
U	X	C	Z	B	I	E	X	Q	U	M	A	B	K	J	O
S	S	A	X	O	P	H	O	N	E	B	Z	Y	V	O	L
Q	E	W	B	M	L	Z	F	I	X	O	M	F	T	C	I
E	U	B	M	B	A	X	U	K	R	O	H	Q	M	A	N
N	I	I	Z	Z	A	R	A	M	Q	N	J	T	V	D	F
I	M	N	Y	D	V	S	I	H	I	E	P	I	A	N	O
R	A	T	I	U	G	W	S	M	K	M	T	Z	C	W	S
U	C	E	S	L	N	E	L	O	B	G	V	Z	S	B	L
O	I	P	L	Ì	O	B	O	E	O	A	C	E	L	L	O
B	U	M	K	W	G	D	J	E	I	N	W	S	J	V	B
M	S	U	K	L	J	O	N	C	L	A	R	I	N	E	T
A	X	R	V	E	B	O	A	A	H	S	V	L	R	G	Z
T	D	T	L	E	D	X	B	V	M	Y	M	Z	B	B	X

BANJO
BASSOON
CELLO
CLARINET
ÌLU
FÚN
GONG
GUITAR
HARP
MANDOLIN
MARIMBA
OBOE
PIANO
SAXOPHONE
TAMBOURINE
TROMBOONE
TRUMPET
VIOLIN

54 - Fruit

F	A	G	Y	G	U	A	V	A	O	G	N	A	M	N	E
I	G	Q	V	D	P	B	B	J	P	J	R	X	I	E	S
K	B	V	E	Q	A	R	J	B	E	I	L	X	L	C	O
J	O	E	S	O	P	I	A	S	O	D	W	B	Z	T	P
L	N	D	Ṣ	Ẹ	Ẹ	R	I	K	Y	U	W	T	L	A	I
Q	Ẹ	P	A	P	A	Y	A	I	I	B	I	O	M	R	S
C	T	M	F	L	S	V	A	W	N	O	L	E	M	I	H
D	W	D	Ọ	B	Y	X	T	I	B	D	A	T	A	N	I
H	X	I	Y	N	A	S	Ọ	I	O	O	X	K	J	E	E
U	I	B	Q	À	U	Y	S	L	E	S	G	D	H	T	V
I	H	L	Q	Z	J	K	A	K	B	X	K	U	M	F	T
B	Q	F	K	B	Z	Á	W	K	E	I	Y	G	J	S	L
O	G	E	D	E	Y	R	R	E	B	F	I	V	G	Y	O
X	Z	F	Z	Z	R	Z	A	À	E	W	V	X	B	M	G
S	V	V	U	B	D	O	B	N	I	Y	O	A	H	I	P
Q	O	Q	I	R	Ẹ	B	I	P	I	S	A	R	R	J	T

APU
PIHA OYINBO
OGEDE
BERRY
ṢẸẸRI
AGBON
EEYA
ÀJÁRÀ
GUAVA
KIWI
LẸMỌNU
MANGO
MELON
NECTARINE
ỌSAN
PAPAYA
ESO PISHI
ESO PIA
OPE OYINBO
RASIPIBẸRI

55 - Virtues #1

I	Y	A	I	I	U	K	Z	S	I	B	O	W	O	L	O
M	Ọ	U	D	G	I	M	D	O	J	Ṣ	Q	D	W	S	L
I	Z	T	S	Ẹ	´	G	Ẹ	´	G	´	Ẹ	G	O	U	U
R	I	E	Q	`	R	Y	M	K	B	G	R	Ọ	L	E	W
D	A	A	Z	R	D	G	D	E	T	Z	O	S	N	R	I
C	U	W	U	´	I	A	R	A	B	G	A	L	A	A	X
W	T	M	H	Ẹ	H	I	Y	R	Z	G	A	O	R	Z	R
W	W	X	F	F	C	I	Y	A	W	T	A	Q	I	T	C
H	G	Y	T	Ì	V	W	Q	A	O	M	I	N	I	R	A
X	G	R	T	M	M	Ọ	E	L	N	O	B	G	O	L	O
L	E	C	S	O	Z	W	R	W	M	U	L	E	P	V	M
U	T	K	G	G	H	Ọ	E	D	U	N	I	N	A	Y	I
V	B	Z	J	S	I	R	R	D	K	R	I	G	C	U	X
I	K	G	K	T	D	Ọ	G	G	Y	Y	E	G	O	W	E
M	T	M	Z	T	M	H	A	U	A	L	A	I	S	A	N
W	T	F	U	O	X	B	H	O	O	S	M	R	L	I	R

IṢẸ ỌNA
PELU
MỌ
IYANINU
IYANU
ALAGBARA
EWURE
OLOWO
RERE
IRANLOWO
OMINIRA
IWỌWỌRỌ
ÌFẸ́RẸ̀
ALAISAN
IWULO
GẸ́GẸ́GẸ́
OLOGBON

56 - Engineering

G	A	R	A	B	G	A	R	V	Z	M	Q	V	C	Ò	C
V	W	Z	A	L	D	F	E	X	G	O	B	O	C	K	M
R	O	K	X	T	L	I	Y	J	W	T	S	C	X	Ò	D
T	R	Á	Z	C	L	M	A	V	C	O	I	Ṣ	Ẹ	R	Ẹ
F	A	A	F	I	Z	O	D	M	X	L	R	J	V	A	G
D	N	Ọ	W	I	D	O	I	P	E	L	N	I	J	I	Z
A	A	Y	X	K	U	K	E	I	L	T	W	S	S	J	R
O	W	Q	E	F	G	Y	S	P	I	Z	E	U	T	G	B
L	O	Z	G	M	M	U	E	I	R	G	D	R	M	U	C
X	R	A	G	S	L	C	L	N	O	E	X	W	X	E	W
U	A	G	I	A	U	S	Y	O	O	R	R	O	I	L	K
L	N	U	Ṣ	R	X	W	L	M	K	T	K	E	G	B	Q
D	A	N	I	Ṣ	N	I	Ṣ	O	R	U	D	I	U	Z	Z
K	G	Ẹ	R	O	I	F	S	A	O	H	C	R	N	D	D
C	N	R	O	G	U	H	S	A	H	K	W	I	S	L	G
G	E	Ọ	M	C	Z	O	V	L	K	L	F	I	Y	E	Z

IGUN
AXIS
IṢIRO
ÒKÒ
IJINLE
AWORAN AWORAN
DIAMETER
DIESEL
PIPIN
AGBARA

ENGAN
IFÁ
JIAR
OMI
ẸRỌ
ODIWỌN
MOTO
IṢẸRẸ
IDUROṢINṢIN
ORILE

57 - Government

N	I	F	O	L	O	L	G	B	Y	A	U	I	Y	Z	K
B	A	F	O	H	B	I	E	D	E	Ẹ	L	I	R	O	H
Ọ	`	R	Ọ	`	´	Ọ	J	Á	D	Ì	E	A	A	C	X
F	C	Y	I	R	K	Y	W	E	S	S	S	Q	F	I	S
B	H	U	I	K	Ọ	L	S	B	W	H	O	È	X	I	C
U	T	K	G	K	X	W	O	D	O	D	O	D	Z	M	A
W	A	E	O	I	U	O	Ọ	W	M	T	O	È	U	A	O
O	N	I	L	U	B	B	I	R	H	V	C	`	I	Q	H
E	I	Y	R	T	Z	F	L	L	Ọ	T	T	Ẹ	B	D	C
G	F	D	Z	Q	Z	U	A	Q	A	W	C	L	T	A	T
L	O	A	A	D	W	O	U	K	T	N	Ọ	Í	W	R	O
Q	T	N	E	M	U	N	O	M	Y	B	A	R	G	L	O
I	D	A	J	O	H	E	L	N	I	P	I	O	Ọ	U	Q
C	H	H	R	O	O	D	O	D	O	D	I	R	G	D	U
O	M	I	N	I	R	A	R	V	S	C	J	O	C	B	F
W	E	J	A	W	B	K	I	F	W	M	V	E	F	E	E

ONILU
ILANA
OLOFIN
ÌDÁJỌ̀ỌRỌ̀
IFỌRỌWỌRỌWỌRỌ
IDODODO
IDAJO
ODODO
OFIN
OLORI
OMINIRA
MONUMENT
ORÍLẸ̀-ÈDÈ
ORILẸ-EDE
ALAFIA
OSELU
ORO
IPINLE
AMI

58 - Science Fiction

L	C	H	E	F	W	R	B	C	X	I	J	B	T	I	C
Á	Q	B	Q	L	Y	B	E	W	U	V	K	L	A	T	I
Ì	G	A	U	S	C	B	J	W	L	Q	A	D	Y	Y	N
L	E	K	S	G	S	V	O	B	Z	U	A	Q	O	T	E
Ẹ	K	O	E	D	B	D	I	S	T	O	P	I	A	E	M
`	Ọ	K	F	Y	X	A	L	A	G	Z	B	R	R	N	A
C	R	A	C	I	B	Y	M	Y	C	Y	H	I	A	A	I
K	Ẹ	M	I	K	Á	L	Ì	U	A	I	F	S	L	L	A
E	Ọ	V	T	P	J	V	Z	O	D	X	K	A	A	P	T
E	M	S	S	V	O	M	V	J	R	O	B	O	T	S	O
R	I	X	A	O	T	T	E	O	E	J	D	Y	D	C	M
S	W	I	T	H	H	F	U	I	Z	F	F	U	D	L	I
O	G	T	N	D	M	I	E	W	I	Y	S	U	Q	W	K
Y	B	A	A	J	E	L	C	A	R	O	Z	L	X	A	A
B	O	N	F	G	Y	H	W	J	G	X	H	S	C	Z	A
K	M	D	C	H	A	R	K	U	A	Z	S	U	H	Q	F

ATOMIKA
IWE
KẸMIKÁLÌ
CINEMA
DISTOPIA
BUGBAMU
LÁÌLẸ̀
FANTASTIC
INA
OJO IWAJU
GALAXY
ITAN
ALARA
ASIRI
ORACLE
PLANET
ROBOTS
IMỌ-ẸRỌ
UTOPIA
AYE

59 - Geometry

V	A	B	U	L	L	I	G	I	G	A	I	T	K	H	Q
E	G	V	R	H	Q	Á	U	X	D	T	Ṣ	Z	I	R	E
R	B	L	H	W	D	Q	Ì	B	B	E	I	C	S	T	J
I	Á	A	G	B	A	Y	E	W	M	M	R	Q	B	O	V
G	D	O	Y	B	S	S	A	M	Ò	I	O	R	O	N	I
B	E	M	L	Q	I	N	I	P	I	L	R	U	U	D	R
K	N	U	T	B	M	O	Ọ	U	M	E	O	A	C	I	J
O	N	I	L	E	E	I	Q	M	W	L	C	O	I	K	S
X	J	F	L	Y	T	S	G	Z	B	L	Q	F	H	Ú	B
Y	E	F	Y	E	R	N	O	I	T	A	U	Q	E	N	C
H	S	F	B	O	Y	E	Q	O	F	R	X	R	O	S	S
C	O	G	S	Q	H	M	B	Q	Z	A	I	S	F	L	E
D	F	F	B	Y	L	I	U	G	T	P	W	G	W	I	R
K	G	S	Z	T	M	D	X	K	S	O	F	I	U	Y	E
B	J	D	D	I	A	M	E	T	E	R	V	I	M	N	C
M	Q	V	U	P	O	R	I	Z	O	N	T	A	L	K	X

IGUN
IṢIRO
AGBAYE
IKÚN
DIAMETER
DIMENSION
EQUATION
GIGA
PORIZONTAL
LÁÌWÒ

MASS
AGBÁDEN
NỌMBA
PARALLELI
IPIN
ONILE
SIMETRY
ORO
META
INORO

60 - Airplanes

A	G	I	G	K	B	R	U	C	W	G	W	D	G	H	T
R	T	G	Y	W	F	E	B	L	V	Ẹ	L	A	B	I	M
A	T	M	H	Y	M	C	W	I	G	L	R	G	B	G	O
B	H	G	O	O	J	J	J	L	H	A	A	Ẹ	V	E	K
G	O	W	O	S	X	W	Z	W	U	F	D	O	P	B	J
A	V	V	G	M	P	X	V	W	X	K	E	R	M	A	B
E	N	G	A	N	L	H	F	C	R	T	C	A	D	L	E
Y	A	Y	S	A	P	T	E	T	D	K	R	R	Q	L	Y
I	T	E	F	Y	I	T	X	R	J	I	E	A	I	O	J
A	I	J	Y	I	L	S	J	A	E	I	W	D	C	O	I
C	G	E	H	N	O	G	U	O	S	T	Ì	T	G	N	J
T	A	Y	S	E	T	S	J	X	T	O	W	M	R	S	F
C	Z	O	G	L	R	Q	K	Y	S	J	Á	Z	B	X	T
K	K	N	E	G	O	R	D	I	H	U	Y	I	S	Ò	Z
Q	F	U	I	S	Ọ	K	A	L	E	K	Ì	V	L	K	I
S	U	A	M	A	C	D	V	W	E	C	N	V	E	Ò	Y

ÌWÁYÌN
AIYE
AGBARA
ATMOSPHERE
BALLOON
ÒKÒ
CREW
ISỌKALE
APẸRẸ
ITOJU
ENGAN
EYONU
GIGA
ITAN
HIDROGEN
IBALẸ
ENIYAN
PILOT
SKY
RARA

61 - Ocean

L	V	G	M	H	A	S	T	Y	H	T	E	B	I	X	K
F	G	V	J	T	M	F	R	J	C	U	C	G	M	C	X
S	V	E	W	E	X	K	E	J	A	N	Ú	K	Ò	T	R
G	X	E	I	E	L	K	L	E	X	A	O	E	E	L	T
G	S	Y	Y	F	U	K	K	Y	R	Q	J	V	L	L	G
O	H	T	I	Y	T	N	I	R	N	U	K	O	A	V	I
L	T	Q	U	H	S	I	F	Y	L	L	E	J	H	D	Y
A	G	Y	X	R	D	H	K	R	L	K	L	V	W	M	H
U	A	K	A	N	T	P	J	A	M	V	S	A	D	T	W
V	D	A	K	G	V	L	O	X	N	A	M	E	U	G	V
J	H	T	Z	C	R	O	E	R	A	R	A	D	O	E	K
V	W	Y	I	J	I	D	I	F	O	C	I	E	L	M	M
J	J	O	E	J	A	S	H	A	K	I	A	N	K	A	E
Ì	G	B	À	G	B	À	I	Y	Ọ	Y	K	Ọ	K	Y	O
W	L	G	I	X	Ò	G	Y	Ì	N	S	A	W	Z	A	W
D	B	I	K	O	R	A	L	Y	G	G	V	A	B	O	N

OKUNRIN
KORAL
AKAN
DOLPHIN
EEL
EJA
JELLYFISH
ÒGYÌN
REEF
IYỌ
ÒKÚN
EJA SHAKI
AWỌN EDE
KANRINKAN
IJI
ÌGBÀGBÀ
TUNA
TURTLE
IGBO
WHALE

62 - Force and Gravity

Ẹ	L	O	W	O	G	W	B	R	X	Á	F	I	B	C	K
R	G	O	V	Q	R	H	W	F	F	G	Q	M	O	K	V
Ẹ	Ì	D	Á	Y	É	M	L	G	F	G	J	U	E	L	B
Ṣ	Y	C	K	Z	U	S	Q	A	J	Z	L	G	E	A	L
I	R	R	T	I	U	I	Y	D	X	G	G	B	B	C	S
U	Y	S	G	Q	M	Ì	W	Ò	M	H	M	O	A	O	U
O	N	A	Í	N	Í	N	O	G	A	A	F	R	A	H	A
U	U	I	R	L	K	F	R	A	X	I	S	O	R	J	W
L	S	L	V	A	I	V	B	X	W	E	W	O	I	I	A
H	O	U	W	E	Ọ	G	I	K	H	X	F	S	N	J	R
X	R	L	S	W	R	V	T	J	Z	X	H	I	Y	I	I
K	I	M	C	A	Ẹ	S	M	Z	B	S	M	M	G	R	C
M	S	I	T	E	N	G	A	M	C	U	Z	K	T	A	O
G	R	I	A	L	Ọ	I	F	L	Q	F	S	Y	M	N	Z
R	H	S	Z	T	W	G	E	J	K	Q	W	E	K	D	J
W	W	H	J	D	A	M	U	A	A	R	A	F	A	K	C

AXIS
AARIN
AWARI
JIJIRAN
ÌDÁYÉ
IMUGBOROOSI
IFÁ
MAGNETISM
AWỌN ẸRỌ
IṢẸRẸ
ORBIT
ARA
IROSUN
ONÍNÍ
IYARA
AAGO
UNIVERSAL
ÌWÒ

63 - Birds

U	J	G	K	T	K	O	Ẹ	I	D	A	D	X	X	T	T
W	F	Q	Z	U	T	V	O	Y	H	Y	S	X	P	V	O
O	O	S	W	U	O	X	Ì	D	I	D	W	Q	E	X	U
L	W	O	S	T	R	I	C	H	T	N	A	Y	N	K	C
O	F	O	F	L	A	M	I	N	G	O	N	M	G	A	A
G	K	K	K	G	P	M	S	A	E	I	R	M	U	N	N
O	Z	C	G	O	O	S	E	C	G	Y	Z	B	I	A	E
Ṣ	T	U	H	O	K	E	C	I	I	A	U	T	N	R	Y
Ẹ	Z	C	S	S	Y	Q	F	L	V	Q	S	U	M	Y	E
W	T	W	T	C	J	J	H	E	G	K	J	H	D	Q	L
S	W	A	F	C	F	G	E	P	X	N	E	J	V	G	E
M	M	Y	Q	S	O	S	G	X	S	T	O	R	K	H	D
P	E	A	C	O	C	K	B	E	Y	T	Z	R	O	L	F
C	H	F	K	L	X	A	E	Y	A	L	B	A	E	D	Y
V	T	A	S	S	X	S	T	C	Z	M	X	J	K	H	R
D	X	H	G	M	S	X	A	V	C	O	O	H	W	R	T

KANARY
ADIẸ
KOWO
CUCKOO
EYELE
EGBETA
IDÌ
ẸYIN
FLAMINGO
GOOSE

HERON
OSTRICH
PAROT
PEACOCK
PELICAN
PENGUIN
OLOGOṢẸ
STORK
SWAN
TOUCAN

64 - Nutrition

W	I	K	I	E	D	A	V	O	V	C	B	´	Ẹ	Ṣ	I
I	D	B	Á	F	I	H	L	R	I	A	K	F	C	X	W
V	N	B	X	R	U	A	O	Í	T	L	E	L	X	Q	O
F	O	F	E	J	B	T	I	K	A	R	E	L	I	O	N
À	I	H	E	J	T	O	R	Ò	M	J	L	K	E	M	T
W	T	Z	O	L	U	I	H	X	I	F	I	W	B	I	U
Ọ	S	Ò	W	Ì	D	A	U	Y	N	F	X	G	R	K	N
N	E	J	N	U	O	S	W	V	D	A	Z	G	Q	A	W
P	G	Ò	G	H	J	E	P	E	Q	R	Q	U	F	I	O
Í	I	R	O	L	A	K	N	Ọ	W	A	A	R	B	O	N
R	D	Ò	Y	E	W	G	A	X	B	D	I	T	D	S	S
É	A	X	M	R	U	L	Y	K	Ọ	R	I	N	E	U	I
T	O	L	D	X	I	Q	I	F	S	R	V	K	T	S	J
Ì	V	C	A	U	B	F	N	J	O	G	F	Q	F	Y	S
N	Y	I	C	S	C	B	E	U	Y	K	M	Z	M	S	U
U	W	B	Z	Y	O	Y	O	D	T	L	M	K	S	T	Y

ENIYAN
IWONTUNWONSI
KỌRIN
AWỌN KALORI
KÁRBOHYDRATES
OUNJE
DIGESTION
JEPE
IFÁ
ALASO
IṢẸ́
ILERA
OMI
ÀWỌN PÍRÉTÌN
DARA
OSU
ORÍKÒ
ÒJÒRÒ
VITAMIN
ÌWÒ

65 - Hiking

Ẹ	R	A	N	K	O	J	O	Ì	Z	Y	C	Q	O	T	I
W	X	I	J	X	R	K	U	J	P	S	D	U	K	L	U
T	E	W	C	I	C	I	Z	B	Q	A	Y	K	U	G	R
M	R	H	T	K	T	Q	Z	B	E	M	R	D	T	L	Q
T	K	C	M	T	U	S	Y	M	V	Q	K	Á	A	I	H
U	B	L	M	S	A	W	R	Y	U	R	Q	S	X	Q	A
O	M	I	B	E	G	W	O	B	Ò	T	Ò	P	U	Ú	F
G	G	O	O	C	F	C	B	F	Q	H	Z	A	V	N	E
T	J	E	V	J	V	J	K	O	F	T	U	R	E	Á	F
M	D	B	Q	Z	E	O	B	Z	K	Q	Q	K	J	R	E
A	S	K	J	F	L	E	U	A	E	X	R	S	B	A	C
P	L	S	L	G	Q	G	K	O	W	U	V	R	U	J	Q
B	X	O	W	I	Z	V	G	B	J	Ò	I	C	Y	C	X
C	F	E	D	A	L	Z	À	G	B	À	K	T	O	J	J
O	R	I	E	N	T	A	T	I	O	N	C	E	T	D	Z
J	I	W	O	E	Z	C	R	F	H	F	J	E	E	C	Y

ẸRANKO
BÒTÒ
ÀGBÀ
AFEFE
ERU
MAP
ÒKE
EDA
ORIENTATION
PARKS
ÌPARÁ
OKUTA
SUN
ARÁNÚ
OMI
OJO
IGBO

66 - Professions #1

P	Y	V	F	A	S	E	C	W	K	B	T	V	Z	W	A
A	L	O	E	E	D	O	K	V	I	C	B	X	V	R	F
W	U	U	R	Y	G	S	T	Z	U	Y	Y	H	W	X	J
Ọ	T	H	M	A	O	R	O	D	A	S	S	A	B	M	A
R	O	B	À	B	R	C	J	L	Z	X	S	G	X	P	T
Ọ	O	N	T	G	E	Z	I	Y	U	Ò	K	Ú	N	I	A
W	L	I	Í	A	F	R	N	D	L	K	F	U	O	A	L
Ọ	O	F	K	N	S	F	O	G	E	H	Ọ	Q	A	N	Á
R	R	O	Ó	U	Ṣ	Y	R	B	T	M	R	N	Z	I	N
Ọ	Z	L	D	H	L	Ẹ	L	I	J	Z	S	I	I	S	Ì
L	Z	O	E	O	G	D	´	J	R	R	E	R	S	T	Y
R	S	I	V	L	Z	R	S	B	W	V	D	O	Ọ	X	À
T	S	I	G	O	L	O	E	G	Ò	V	F	L	Ọ	Y	N
O	G	U	N	O	G	B	O	Y	T	K	T	O	N	Z	Q
S	Q	D	E	U	D	X	R	H	V	Z	Ò	K	G	I	H
V	V	A	R	V	F	D	C	G	X	B	S	B	R	H	E

AMBASSADOR
AWỌRỌWỌRỌ
AGBAYE
ONÍNṢẸ́ BÒKÒ
ALÁNÌYÀN
OLUKỌNI
ONIJO
DÓKÍTÀ
OLOOTU
GEOLOGIST
ODE
OLOHUN
OLORIN
NỌỌSI
PIANIST
PLUMBER
OLOFIN
ÒKÚN
TELU
OGUN OGBO

67 - Barbecues

O	G	G	Q	U	G	Q	O	B	G	O	V	O	E	O	H
A	R	G	B	O	N	A	U	S	U	S	O	U	I	G	E
Ọ	Y	I	Y	S	A	U	N	H	C	Q	B	D	H	V	E
K	C	S	N	C	Z	L	J	T	O	M	A	T	O	T	M
O	W	A	U	W	H	B	E	W	E	L	Q	G	B	S	Z
U	K	L	M	B	S	K	R	O	F	V	X	M	J	C	S
X	H	A	O	D	X	G	E	X	E	O	K	Z	Y	H	X
Q	L	D	X	F	Y	J	T	V	H	O	R	F	E	A	W
B	J	I	E	L	A	E	J	N	U	O	G	R	I	L	L
W	Q	I	W	O	D	A	O	Ì	X	T	M	U	S	T	O
F	I	I	B	I	I	K	M	D	S	E	I	Y	L	Q	M
T	I	I	C	E	Ẹ	S	O	Í	Z	O	X	H	G	H	U
B	R	Y	V	B	S	Q	D	L	C	V	M	V	J	X	K
O	S	U	R	O	F	O	E	É	F	O	B	E	G	L	F
I	B	U	R	L	H	S	T	O	G	R	G	D	O	A	Z
A	H	R	B	C	L	F	M	W	E	E	H	S	H	R	H

ADIẸ
OMODE
OUNJE ALE
ÌDÍLÉ
OUNJE
FORKS
ORE
ESO
ERE
GRILL
GBONA
EBI
OBE
ORIN
SALADI
IYỌ
OSU
OSUSU
TOMATO
EWE

68 - Chocolate

A	O	T	Q	I	Y	E	A	Z	E	D	Z	E	M	F	I
W	K	L	A	B	U	D	N	O	B	G	A	K	P	T	L
Ọ	H	H	O	M	J	V	T	W	T	Z	R	A	B	A	A
N	L	L	D	H	K	C	I	T	O	X	E	R	Q	F	N
K	L	O	A	O	U	T	O	B	I	Q	W	A	M	X	A
A	T	D	R	X	K	N	X	Y	D	A	O	M	C	S	I
L	Ẹ	K	A	X	W	U	I	I	J	L	P	E	A	E	D
O	N	I	Ọ	X	T	D	D	O	E	A	X	L	C	B	B
R	U	W	G	R	V	F	A	Z	V	S	U	A	A	F	D
I	Z	E	F	Y	I	D	N	H	Y	O	R	U	O	E	G
A	Y	A	N	F	Ẹ	N	T	V	C	S	U	G	A	R	K
H	H	E	O	U	V	K	X	S	E	U	R	L	O	E	G
U	E	A	K	L	J	K	I	Q	M	E	W	T	V	G	G
I	B	G	O	H	E	Y	J	V	M	B	X	L	V	N	Q
H	X	Z	F	K	K	L	H	D	G	Q	J	A	R	E	K
O	Y	T	G	E	D	E	R	G	Z	I	L	A	R	F	F

ANTIOXIDANT
KỌRIN
CACAO
AWỌN KALORI
KARAMEL
AGBON
OLOHUN
EXOTIC
AYANFẸ
ALASO
ENGERE
EPA
POWER
DARA
ILANA
SUGAR
DUN
TẸNU

69 - Vegetables

S	H	D	T	C	X	O	Y	K	A	C	T	S	Q	U	Z
C	E	H	U	A	D	A	C	K	T	O	H	G	V	H	F
Z	D	M	V	J	K	I	Y	R	I	X	Y	T	E	J	G
A	T	L	C	A	Z	A	T	V	S	T	U	N	I	P	T
Z	S	G	M	Z	L	O	R	Z	H	H	A	X	Q	M	C
C	K	R	Q	O	U	G	Q	H	O	A	D	M	F	E	U
A	A	T	A	L	Ẹ	O	W	O	K	D	U	C	S	K	W
W	T	Q	B	R	W	M	I	S	I	F	M	V	X	H	Z
E	H	A	G	V	A	Q	W	I	Q	W	B	X	R	O	I
A	J	Q	I	I	B	D	S	T	K	H	I	X	L	V	T
W	S	B	T	Q	M	Z	I	T	Ọ	Ọ	R	A	K	J	O
B	A	S	O	B	U	L	A	S	U	F	E	Q	Y	X	M
I	L	I	L	O	K	L	U	X	H	Ẹ	L	F	A	M	A
D	A	X	A	Q	U	I	O	Y	E	C	E	C	I	D	T
R	D	D	H	E	K	B	A	Y	E	L	S	R	A	P	I
V	G	U	S	I	K	M	B	E	L	E	G	E	D	E	I

ATISHOKI
ẸFỌ
KARỌỌTI
SELERI
KUKUMBA
IGBA
ATA
ATALẸ
OLU
OLILI
ALUBOSA
PARSLEY
EWA
ELEGEDE
RADISH
SALAD
SHALOTI
OWO
TOMATI
TUNIP

70 - The Media

G	V	E	K	O	N	D	X	O	C	R	G	O	W	I	E
Z	X	E	G	K	T	A	M	R	I	A	E	G	C	F	D
H	Q	Z	K	K	S	I	K	I	H	D	B	C	V	Ọ	I
O	G	B	O	N	Q	V	T	N	H	I	O	C	E	W	G
R	K	B	M	B	U	B	T	O	A	O	G	W	S	Ọ	I
T	Ẹ	L	I	V	I	S	I	O	N	K	Q	O	I	W	T
A	L	G	C	I	D	E	U	D	Y	M	Ọ	G	E	Ọ	A
O	N	L	I	N	E	L	R	G	B	M	T	K	S	R	L
R	Q	Ọ	R	Ọ	S	I	N	Ẹ	A	R	A	B	I	Ọ	Z
E	R	O	K	Q	Q	B	I	H	G	Ì	G	B	À	N	À
Z	U	A	U	Ẹ	T	I	I	J	B	R	J	E	M	O	O
O	M	D	Z	W	L	V	Y	Z	J	Z	R	V	J	I	W
A	Z	S	E	W	D	C	U	O	M	M	M	V	L	T	O
Y	T	V	I	F	Z	V	K	C	V	X	L	V	A	I	S
I	E	H	M	M	O	B	M	Z	T	X	T	D	L	D	M
D	G	L	R	V	G	H	Z	D	B	H	U	O	R	E	O

OWO
IBARAẸNISỌRỌ
DIGITAL
EDITION
ẸKỌ
OTITO
IFỌWỌWỌRỌ
ONIKỌKANKAN
ISE-ISE
OGBON
IBILE
REZO
ONLINE
ERO
ÌGBÀNÀ
RADIO
TẸLIVISION

71 - Boats

R	Ì	M	V	V	F	F	S	T	J	M	S	G	Y	Q	J
A	D	A	H	M	O	F	B	A	E	G	B	D	Q	H	A
F	Á	S	Y	M	X	A	D	O	H	I	F	O	K	U	N
T	K	T	F	V	B	F	U	H	X	U	M	Y	W	J	X
Q	Ọ	B	O	N	G	J	M	Ò	W	T	W	Ọ	Y	E	T
S	`	B	H	T	A	J	B	K	A	Y	A	K	Y	H	J
X	R	Y	O	K	J	U	O	Ú	U	R	R	Ọ	O	E	C
M	Ó	A	G	T	Z	W	T	N	U	E	Y	R	U	D	O
B	S	D	E	N	G	A	N	I	L	F	A	Ọ	B	I	O
I	G	B	O	M	W	E	R	C	C	Q	X	Ọ	O	T	C
C	T	T	O	C	Q	I	V	I	R	A	K	K	G	D	T
D	S	K	B	A	W	S	I	E	K	A	L	Ọ	A	U	L
E	Z	V	C	N	Y	A	C	H	T	X	I	R	J	A	D
F	V	W	Z	O	H	J	U	B	T	Z	E	Ọ	E	F	Q
A	K	H	A	E	S	Z	L	L	M	D	O	Y	V	O	D
E	V	X	A	J	Q	Z	R	A	I	Y	Y	I	E	W	K

ÌDÁKỌ̀RÓ
BUOY
CANOE
CREW
ENGAN
FERY
KAYAK
LAKE
MAST
NAUTICAL
ÒKÚN
RAFT
ODO
KIRA
ỌKỌRỌ ỌKỌRỌ
OKUN
TIDE
IGBO
YACHT

72 - Driving

U	S	M	S	B	Q	S	A	G	D	U	B	D	G	O	X
Ọ	I	R	Z	Q	R	A	E	G	C	G	H	O	T	P	A
Z	K	A	Š	Ẹ	V	G	G	K	A	V	Z	V	M	O	W
D	T	Ọ	J	X	M	F	A	L	A	R	A	Y	I	P	A
X	U	R	A	N	O	C	R	I	L	R	H	E	K	O	K
G	N	E	P	Y	Y	G	A	U	Á	L	B	L	I	N	O
T	N	G	A	R	Ọ	D	G	J	G	R	B	T	M	A	U
E	E	D	J	L	R	K	O	O	B	A	A	W	O	A	H
H	L	T	I	I	I	I	Ẹ	C	Ẹ	C	T	X	W	R	I
A	S	R	A	U	C	D	Y	L	`	R	O	Y	C	I	J
M	M	D	U	U	T	F	M	H	Ẹ	H	A	M	S	X	A
I	G	B	A	N	A	G	R	R	G	W	M	H	G	H	M
I	W	H	H	O	E	X	Z	I	Q	L	K	V	U	U	B
L	F	V	E	Y	G	A	L	U	P	O	M	O	T	O	A
L	L	T	Q	E	S	Q	M	C	H	A	E	S	W	T	Q
O	L	O	P	A	T	A	E	R	W	J	M	H	D	H	C

BRAKES
IJAMBA
AWAKO
EYONU
GARAGE
GAS
AŠẸ
MAP
MOTO
ALUPO

ALÁGBẸ̀
OLOPA
ONA
AABO
IYARA
OPOPONA
IJAPA
IGBANA
ỌKỌ AYỌKẸLẸ
TUNNEL

73 - Biology

B	N	C	F	À	M	Ú	N	À	R	K	S	Z	G	L	D
L	E	Q	E	O	B	I	Y	I	P	A	D	A	F	V	I
U	R	M	N	U	T	A	Z	F	O	D	L	B	F	I	H
C	V	D	Z	F	S	O	K	E	L	E	D	Ọ	M	Ọ	X
Y	E	K	Y	S	X	G	S	T	B	Y	E	O	Y	B	I
B	O	R	M	W	R	S	I	I	E	O	R	T	S	M	R
V	U	E	E	I	X	A	S	W	N	R	D	J	V	A	S
I	D	A	G	B	A	S	O	K	E	T	I	Q	H	M	N
T	Q	A	D	R	H	V	M	A	C	P	E	A	G	A	E
I	D	Q	Q	S	E	J	S	N	O	R	L	S	V	L	U
D	K	N	Ú	K	Í	R	O	A	L	O	I	V	I	Ọ	R
O	M	S	G	T	B	T	Z	T	L	T	T	S	G	S	O
C	Y	I	Q	D	U	K	A	O	A	E	P	Z	Q	I	N
C	E	S	S	V	B	A	G	M	G	I	E	Y	B	V	F
X	H	L	E	W	E	U	Z	I	E	N	R	J	K	C	D
X	I	M	L	D	V	C	W	F	N	S	B	Y	H	D	J

ANATOMI
BAKTERIA
CELL
COLLAGEN
ỌMỌDE
ENZYME
IDAGBASOKE
ORÍKÚN
MAMALỌ

IYIPADA
EDA
NERVE
NEURON
OSMOSIS
FOTOSINTESIS
PROTEIN
REPTILE
ÀMÚNÀ

74 - Professions #2

G	A	V	H	O	B	G	O	L	O	T	D	O	B	E	Z
O	V	K	Z	K	L	B	D	U	Z	O	M	N	I	M	A
Z	L	W	T	U	H	O	X	V	M	Ì	T	Í	N	Á	D
Z	E	O	X	L	K	A	G	W	M	V	E	Ṣ	W	N	K
B	I	Y	F	O	E	S	R	B	K	X	U	Ẹ	F	Ú	S
O	L	D	F	I	R	T	M	M	O	S	T	Ṣ	B	K	I
L	I	D	X	A	N	R	Y	S	I	N	K	Ẹ	X	Í	D
K	I	K	G	R	V	O	A	K	O	R	O	Y	I	N	D
G	D	B	Ẹ	F	Z	N	E	N	G	I	N	J	I	O	G
L	A	S	R	T	L	A	O	R	Í	K	Ì	S	A	N	O
E	W	A	Ẹ	A	B	U	A	W	O	R	A	N	L	I	V
T	U	C	Ṣ	A	R	T	H	G	J	Z	Q	O	A	S	W
X	L	E	O	T	K	I	I	A	O	W	R	Y	Y	E	A
H	O	P	I	L	O	T	A	V	G	A	Z	U	E	G	I
B	S	Q	U	W	X	L	S	N	R	D	S	K	Y	U	B
B	H	A	O	M	C	O	L	Ó	D	Ì	N	L	T	N	I

ASTRONAUT
OLOFIN
DÁNÍTÌ
OṢẸRẸ
ENGINJI
OLOGBO
OLOGBON
ALAYE
ONÍṢẸṢẸ
AKOROYIN
LIBRARIAN
OLÓDÌN
ORÍKÌ
AWORAN
ONISEGUN
PILOT
OLUWADI
OLUKO
ONÍKÚN

75 - Mythology

V	H	W	Ẹ	H	É	Y	À	L	À	H	O	U	Z	A	S
R	J	A	Q	D	A	U	S	Ì	T	Ú	R	V	Y	K	I
Y	H	L	Y	D	A	M	G	S	W	K	U	V	V	Y	U
L	C	A	F	A	C	D	H	B	E	Ò	N	Q	G	X	X
A	M	T	S	J	Á	T	A	M	S	F	R	O	W	A	A
B	V	F	L	I	N	O	K	A	O	W	U	Ò	Z	W	S
Y	X	B	S	R	Á	U	B	O	L	O	G	B	O	N	A
R	O	D	V	B	M	Z	H	G	H	D	C	G	F	Y	W
I	Q	W	U	S	À	D	A	Y	A	T	I	S	Q	I	I
N	F	D	D	O	N	Y	C	À	R	B	X	Q	O	G	L
T	A	S	M	V	À	X	F	S	A	G	G	N	R	M	F
H	M	Y	W	E	M	A	E	Ì	T	H	C	I	Y	W	F
V	E	P	Y	T	E	H	C	R	A	H	A	R	Z	Z	Q
I	D	I	J	A	L	A	A	Ò	Y	B	Z	I	F	H	I
M	A	M	T	R	V	G	B	Ẹ	S	A	N	B	Q	F	C
C	Q	E	W	J	S	V	J	R	W	C	F	O	S	T	Y

ARCHETYPE
IWA
IGBAGBO
ẸDADA
EDA
ASA
ÒRÌSÀ
IJALA
ORUN
AKONI
ÀÌWÒRÒ
OWU
LABYRINTH
ÀLÀYÉ
MÀNÀMÁNÁ
OBIRIN
ÒKÚ
GBẸSAN
ARA
OLOGBON

76 - Agronomy

O	U	S	C	S	O	Ì	A	I	L	V	I	C	M	X	A
O	R	I	U	D	U	D	G	D	I	D	A	G	B	A	Y
M	K	Í	X	C	N	Á	B	O	J	L	K	Z	S	E	I
I	E	M	K	V	J	M	A	T	E	S	T	T	V	G	K
Z	L	B	E	Ú	E	Ọ	R	I	C	T	D	E	X	D	A
X	J	G	R	F	N	`	A	H	H	Q	X	I	C	C	B
R	V	O	Q	G	E	O	Y	E	B	G	A	M	O	X	S
A	W	Ọ	N	I	R	U	G	B	I	N	K	Ọ	G	M	E
K	U	B	V	K	M	H	O	G	H	X	O	Y	B	A	G
M	Ọ	L	S	G	M	U	L	E	F	Q	I	F	E	U	B
L	K	K	B	F	W	X	O	B	Ì	J	Ì	Y	À	N	E
Ì	J	D	Ọ	I	J	M	C	G	B	M	B	F	Q	E	H
M	Ṣ	O	L	Ọ	J	Q	E	A	Y	L	X	V	T	T	E
R	H	Ẹ	F	E	R	T	I	L	I	Z	E	R	Y	E	I
M	J	J	Ṣ	Y	G	Y	W	Q	Y	T	I	F	X	W	V
F	L	H	J	Ẹ	U	B	Q	C	D	J	T	D	X	E	O

OGBE
ECOLOGY
AGBARA
AYIKA
ÌJÌYÀN
AGBE
FERTILIZER
OUNJE
IDAGBA
ÌDÁMỌ̀
ORÍKÚN
EGBE
IDOTI
ÌṢẸṢẸ
AGBEGBE
IMỌ
AWỌN IRUGBIN
KỌKỌ
EWE
OMI

77 - Hair Types

R	G	Y	A	Y	A	R	G	J	Q	W	V	Y	K	R	J
B	D	A	I	W	C	K	T	V	U	C	D	J	M	Ọ	E
V	C	H	L	M	O	W	W	J	E	G	D	O	B	R	B
R	V	E	N	U	F	N	U	F	C	X	C	C	T	Ọ	I
D	R	D	U	T	E	O	K	R	S	Q	Z	J	D	Q	E
W	S	I	W	F	W	R	J	X	W	L	U	U	S	R	D
N	Ú	G	A	Q	X	B	M	T	K	Y	K	R	T	F	X
A	I	B	L	O	N	D	G	G	B	E	J	D	R	F	F
D	Á	P	A	I	V	Q	Y	M	F	U	H	L	E	J	R
N	B	J	Ọ	P	U	Ṣ	X	W	A	I	K	I	G	C	A
A	G	Y	U	N	C	U	L	S	D	F	F	X	X	U	J
D	V	E	S	I	S	R	B	Y	A	S	A	Ú	Q	F	B
F	K	Y	G	R	J	U	W	L	I	A	L	Q	N	D	S
M	W	V	M	N	R	K	I	H	Z	U	C	E	A	G	V
C	B	A	U	I	L	E	R	A	O	W	V	Y	U	C	F
A	R	I	L	T	D	U	D	U	H	F	I	O	I	X	Y

APÁ
DUDU
BLOND
FÚN
ALAWUN
AWO
CULS
ṢUPỌ
GGBE
GRAYAY
ILERA
GÚN
DANDAN
KURU
FADA
RỌRỌ
NIPỌN
TINRIN
FUNFUN

78 - Garden

R	S	W	L	X	H	T	C	R	W	X	I	K	M	U	L
S	S	M	A	I	F	R	R	Z	E	M	V	L	M	K	D
O	R	J	G	F	A	A	A	T	W	M	U	S	A	A	L
H	R	L	X	S	J	M	K	C	O	M	M	A	H	N	A
K	U	F	X	Ọ	W	P	E	G	A	R	A	G	S	O	A
U	O	O	L	G	I	O	L	Ò	D	O	D	O	U	X	W
J	K	R	A	B	Z	L	I	M	O	I	M	O	B	G	I
L	O	I	I	À	V	I	L	T	G	Z	W	T	W	S	I
T	J	R	G	K	E	N	F	W	K	E	S	O	H	T	T
E	U	A	I	T	O	E	O	K	O	Z	W	G	D	H	Q
R	B	Y	O	G	C	K	C	Y	V	T	Y	R	X	I	G
R	I	A	F	W	W	C	X	W	R	K	H	C	B	F	A
A	O	D	I	I	G	Z	D	Q	A	Q	C	X	I	M	G
C	H	G	N	W	K	J	O	H	O	H	Z	H	B	I	X
E	V	J	M	V	Y	R	X	B	Q	L	X	D	Z	L	M
I	O	M	H	C	L	H	G	T	F	B	X	V	S	S	D

IBUJOKO
BUSH
ODI
ÒDODO
GARAGE
ỌGBÀ
KORIKO
HAMMOCK
HOSE
OFIN

OMI OMI
ILANA
RAKE
OKO
ILE
TERRACE
TRAMPOLINE
IGI
IGBO

79 - Diplomacy

I	O	B	C	V	Ì	O	E	Y	O	J	U	T	U	D	Z
F	L	B	S	C	J	D	G	A	J	M	I	L	M	F	L
O	O	I	C	I	Ọ	O	E	V	U	T	F	X	E	T	K
W	G	J	W	T	B	D	V	F	W	D	Ọ	Z	L	S	R
O	B	E	Y	A	A	O	E	H	A	X	R	V	E	R	O
S	O	J	H	M	J	A	A	B	O	I	Ọ	R	A	E	D
O	N	A	F	O	I	I	H	Z	Q	P	W	I	F	D	A
W	V	A	I	L	D	F	M	U	K	O	Ọ	C	O	O	S
O	C	M	Y	P	D	X	X	R	Z	L	R	F	R	M	S
P	S	B	S	I	A	Ṣ	O	J	U	O	Ọ	O	G	V	A
O	C	X	M	D	N	V	D	V	I	N	W	V	Z	L	B
À	D	É	H	Ù	N	E	B	K	E	G	Ọ	B	H	T	M
F	Q	T	Q	O	T	R	A	V	A	O	R	X	M	H	A
Z	T	G	O	M	C	Y	I	D	Q	W	Ọ	M	F	Z	G
S	E	D	E	C	H	B	X	M	J	E	Y	B	W	K	D
G	V	M	E	Y	H	I	Z	I	V	T	U	L	T	G	V

OLOGBON
AMBASSADOR
IPOLONGO
AWUJO
IJA
IFOWOSOWOPO
DIPLOMATIC
IFỌRỌWỌRỌWỌRỌ
AṢOJU
IWA
AJEJI
ÌJỌBA
ENIYAN
ODODO
EDE
OSELU
AABO
OJUTU
ÀDÉHÙN

80 - Countries #1

F	F	R	Y	D	R	I	S	R	A	E	L	C	R	L	Q
B	I	Y	H	T	Q	O	T	I	F	W	U	C	Z	A	J
R	E	N	I	A	P	S	M	T	X	I	H	M	W	T	Ẹ
A	A	R	L	J	D	B	L	A	G	E	N	E	S	V	M
Z	X	S	T	A	U	U	B	D	N	A	L	O	P	I	Á
I	H	O	V	U	N	A	L	A	Z	I	E	F	X	A	N
L	T	P	Y	G	E	D	S	N	Z	E	A	D	A	E	Ì
V	V	O	R	A	G	F	U	A	M	O	R	O	C	C	O
I	C	R	G	R	V	H	G	K	W	G	L	I	M	Z	M
E	A	X	Z	A	Q	Y	G	Z	T	T	K	R	W	I	X
T	M	Z	X	C	O	A	L	F	Y	Q	B	C	B	M	Z
N	A	M	T	I	L	W	P	A	N	A	M	A	D	I	S
A	O	M	M	N	I	R	W	G	T	R	F	Y	S	S	X
M	Z	T	V	Y	Q	O	F	L	K	I	R	B	R	W	F
A	L	E	U	Z	E	N	E	V	L	V	E	I	K	I	F
L	I	G	A	K	B	X	U	K	M	K	L	L	Q	H	K

BRAZIL
KANADA
EGYPT
FINLAND
JẸMÁNÌ
IRAQ
ISRAEL
ITALY
LATVIA
LIBYA
MOROCCO
NICARAGUA
NORWAY
PANAMA
POLAND
ROMANIA
SENEGAL
SPAIN
VENEZUELA
VIETNAM

81 - Adjectives #1

C	E	V	V	K	K	A	X	D	A	D	H	L	N	U	L
S	Z	V	E	R	D	L	U	R	L	J	D	S	I	L	R
A	W	L	J	S	Z	E	F	U	A	O	L	Ọ	R	A	A
U	Y	S	F	O	U	Q	K	R	Y	T	K	W	N	N	Y
W	Q	I	G	B	A	G	B	Ü	O	O	G	J	I	Ọ	K
M	I	D	I	F	A	Y	A	N	I	O	Q	O	T	Ẹ	C
I	R	A	N	L	O	W	O	C	Ì	M	I	J	T	Ṣ	E
M	T	K	B	J	M	E	W	M	G	Y	O	G	G	I	X
U	E	B	U	O	U	T	O	J	Y	V	Ò	D	O	E	I
L	S	C	L	C	J	K	L	A	G	E	M	Z	F	Z	O
Q	L	L	C	V	O	E	O	A	V	X	X	E	C	A	F
O	J	U	J	U	L	R	S	I	S	E	Y	O	M	C	G
P	A	T	A	K	I	U	W	I	N	F	I	E	T	Q	M
O	K	U	N	K	U	N	E	K	L	U	J	W	A	I	H
T	V	Z	F	Q	C	I	T	A	M	O	R	A	D	F	C
M	E	R	O	L	G	S	D	W	A	Z	S	E	M	K	H

OJUMO
OJU-JU
AROMATIC
IṢẸ ỌNA
IFAYANI
EWA
OKUNKUN
EXOTIC
OLOWO
ALAYO
ERU
IRANLOWO
OOTO
NLA
IGBAGBÜ
PATAKI
ÒYÌN
O LỌRA
TINRIN
NIWU

82 - Rainforest

M	A	V	O	L	T	J	H	G	Q	D	V	M	K	I	Ọ
Ò	O	F	S	U	A	U	Y	O	C	K	M	L	H	F	`
K	J	S	E	T	L	A	C	I	N	A	T	O	B	E	W
Ò	U	H	S	F	R	Y	W	W	Ì	E	R	R	Q	Y	Ọ
R	W	V	J	Q	E	T	U	R	Y	D	Q	I	X	E	`
Ì	A	N	I	W	U	F	X	B	`	Y	B	S	X	J	Y
N	R	M	O	Q	E	D	A	Z	Ẹ	F	X	I	A	R	D
I	T	R	L	R	O	S	A	B	L	S	A	R	C	T	Q
M	L	D	O	B	A	S	A	K	Í	S	F	I	K	E	C
W	R	Y	G	S	T	A	I	C	N	D	F	S	D	B	R
U	Y	O	B	G	Y	X	O	V	O	K	G	I	A	T	M
V	E	A	O	S	Y	I	D	U	J	Y	H	V	W	O	J
A	V	G	N	X	Y	U	T	R	T	B	G	Q	U	Q	B
I	P	A	D	A	D	A	V	O	Y	D	W	T	R	E	T
X	Z	B	L	R	Q	I	Z	F	J	K	A	Y	E	I	D
W	T	I	G	B	A	L	A	K	S	U	T	C	D	H	T

EYE
EBOTANICAL
AFEFE
AWURE
AWUJO
ORISIRISI
ONÍLẸ̀YÌN
ÒKÒRÌN
OLOGBON

MOSS
EDA
ITOJU
ASABO
Ọ̀WỌ̀
IPADADA
IGBALA
NIWU

83 - Global Warming

O	A	T	O	V	V	Y	E	O	A	B	B	X	N	O	Q
J	V	F	Z	A	L	Q	S	J	R	Z	X	Y	I	J	G
O	I	S	E	Y	I	K	A	S	C	A	R	A	B	G	A
I	A	B	Y	F	I	T	G	O	T	R	A	Z	G	V	S
W	W	L	A	I	E	M	B	N	I	F	O	L	O	E	H
A	Ọ	S	B	E	B	H	I	S	C	U	T	F	L	Q	T
J	N	C	G	V	G	Q	G	F	A	W	U	D	O	W	E
U	I	B	A	T	U	Z	B	Y	C	I	T	T	Q	O	S
V	R	O	G	A	L	X	E	I	V	V	L	G	X	L	E
A	A	F	T	F	O	B	D	G	V	K	A	S	D	S	B
F	N	A	Ì	H	L	A	S	B	D	I	S	E	I	S	E
S	Z	V	U	J	O	Y	C	O	Y	A	W	W	T	C	H
W	L	T	C	C	Ọ	I	M	N	Y	D	T	I	H	W	A
O	R	O	G	B	O	B	Z	U	J	M	I	A	W	J	V
F	K	H	E	K	O	S	A	B	G	A	D	I	T	F	E
T	G	X	O	A	J	L	A	H	B	K	M	R	X	L	Q

ARCTIC
AKIYESI
AFEFE
OROGBO
DATA
IDAGBASOKE
AGBARA
OJO IWAJU
GAS
AWỌN IRAN
ÌJỌBA
GBIGBE
ISE-ISE
AGBAYE
OLOFIN
BAYI
OLOLUGBE
OLOGBIN
IGBONU

84 - Landscapes

A	R	D	N	U	T	V	V	K	G	V	Z	O	Q	Z	W
M	Ṣ	A	E	S	W	O	A	F	F	N	U	K	O	D	O
Z	Y	Á	F	U	W	L	I	X	I	Ú	S	W	A	M	P
Ò	K	E	L	A	U	C	T	N	U	K	O	O	T	E	O
C	B	K	S	Ẹ	R	A	Ò	Ú	K	Ò	O	M	I	Z	R
Z	V	A	L	G	`	N	F	K	I	O	X	L	H	F	Í
Q	D	L	R	U	Y	O	M	I	È	S	W	D	F	O	L
R	E	I	C	A	L	G	H	O	R	Í	K	Ú	N	R	Ẹ
P	E	N	I	N	S	U	L	A	V	D	T	G	K	A	`
E	G	S	I	S	A	O	F	R	K	A	T	D	A	Y	È
B	Z	F	Y	O	E	G	F	K	B	Y	L	V	T	Z	D
R	M	K	K	E	B	I	S	H	A	H	A	D	A	C	È
Y	H	X	U	Z	G	R	E	B	E	C	I	U	H	L	Q
Z	I	Z	V	C	Q	T	K	E	R	L	I	R	L	C	K
R	K	F	D	S	A	D	X	A	X	F	Z	G	G	B	W
H	C	D	H	E	G	X	K	J	Q	B	W	K	C	H	Y

ETO-OKUN
IKÚN
AṢÁLẸ̀
GEYSER
GLACIER
ÒKÈ
ICEBERG
ORÍLẸ̀-ÈDÈ
LAKE
ÒKE
OASIS
ÒKÚN
PENINSULA
ODO
OKUN
SWAMP
TUNDRA
ORÍKÚN
VOLCANO
OMI

85 - Plants

K	D	H	E	G	O	H	F	B	M	V	E	E	S	Q	U
I	S	X	O	B	G	I	L	G	D	L	A	P	Y	W	J
O	X	T	O	Ò	A	G	O	C	J	T	R	E	C	Y	I
S	S	Y	B	N	W	I	R	F	J	Q	R	T	A	F	J
K	D	U	M	G	C	U	A	H	A	W	E	A	C	D	X
X	O	V	A	B	Ọ	G	B	À	V	T	Z	L	T	A	L
M	T	R	B	Ò	R	Ò	D	O	D	O	I	G	U	G	F
U	D	T	I	V	K	M	V	J	Q	D	L	V	S	B	T
H	W	W	E	K	T	D	R	L	Y	E	I	B	Y	A	C
H	K	H	T	C	O	Q	Y	M	Q	D	T	L	R	S	Q
X	B	Y	Q	A	U	Z	L	Z	Q	C	R	O	R	O	O
F	Z	H	Y	D	J	C	J	D	A	C	E	W	E	K	J
G	J	S	D	K	R	M	Z	T	F	H	F	W	B	E	L
Z	M	U	S	T	E	M	K	V	M	C	J	K	E	Z	M
Y	I	B	V	O	I	D	O	D	O	Y	K	A	M	C	K
U	A	T	X	B	M	W	K	D	I	H	Q	B	A	S	L

BAMBOO
EWA
BERRY
IDODO
BUSH
CACTUS
FERTILIZER
FLORA
ÒDODO
IGBO
ỌGBÀ
KORIKO
DAGBASOKE
IVY
MOSS
PETAL
GBÒNGBÒ
STEM
IGI
EWE

86 - Boxing

Y	X	S	F	T	O	Q	X	E	Q	C	I	Y	N	Ú	F
B	V	Y	X	N	Ù	M	Ú	R	O	L	U	J	A	A	W
S	Ọ	K	U	J	O	D	I	C	C	D	S	M	S	R	I
K	H	B	A	K	M	B	V	A	F	T	B	O	O	A	T
I	G	B	A	L	A	L	G	S	M	H	K	X	W	T	A
M	A	A	F	H	R	H	G	O	Q	M	B	K	I	Y	G
A	F	L	T	D	A	C	C	B	L	X	E	K	F	F	C
U	U	I	A	A	B	H	I	Z	S	O	L	Q	D	I	O
J	I	Z	G	T	G	I	C	G	H	L	L	A	T	F	L
O	L	J	C	S	A	N	Y	U	B	V	O	L	J	Y	O
R	J	G	H	I	Q	K	Z	E	H	A	K	R	C	D	F
C	S	C	A	F	K	L	I	V	M	W	G	T	G	R	I
E	L	R	A	Y	V	G	H	J	J	Y	S	B	Q	K	N
V	E	E	V	R	G	H	I	W	M	I	W	R	O	E	U
X	S	M	W	W	X	M	S	Y	Z	X	K	S	Z	E	G
Z	J	E	C	V	X	L	B	J	F	V	L	E	C	Z	I

BELLO
ARA
CHIN
IGUN
IGBALA
ORÚMÙN
OLUJA
FIST
IDOJUKỌ
IWOSAN
FÚN
ALATAKI
OJUAMI
IGBAGBO
OLOFIN
OLOGBON
AGBARA

87 - Countries #2

V	M	L	U	I	R	S	Y	E	M	I	S	D	Z	L	E
H	F	K	É	B	T	J	Q	O	R	Y	F	Q	T	B	T
V	I	W	J	B	E	W	Z	M	E	V	S	U	T	N	H
W	F	H	R	O	Á	K	H	X	J	L	A	O	S	E	I
B	L	O	W	Q	W	N	A	P	A	J	I	C	G	P	O
J	A	M	A	I	C	A	Ì	G	I	G	L	I	R	A	P
R	U	S	S	I	A	W	M	N	R	M	A	X	E	L	I
O	R	M	F	U	W	H	T	S	Í	J	M	E	E	K	A
P	A	K	I	S	T	A	N	Q	S	B	O	M	C	D	O
Q	U	J	G	W	L	W	M	O	Q	F	S	T	E	X	H
K	R	S	D	T	A	I	R	E	G	I	N	A	D	U	S
A	L	B	A	N	I	A	B	W	U	G	A	N	D	A	A
S	C	T	K	E	G	D	Y	E	H	A	I	T	I	I	O
U	K	R	A	I	N	E	X	K	R	A	M	N	E	D	J
X	C	H	C	D	M	Z	Q	A	Y	I	C	I	T	O	V
C	Q	A	Q	G	Y	M	W	O	Z	Z	A	Z	C	L	F

ALBANIA
DENMARK
ETHIOPIA
GREECE
HAITI
JAMAICA
JAPAN
LAOS
LÉBÁNÌN
LIBERIA
MEXICO
NEPAL
NIGERIA
PAKISTAN
RUSSIA
SOMALIA
SUDAN
SÍRIA
UGANDA
UKRAINE

88 - Adjectives #2

A	A	D	E	L	E	O	I	F	I	K	I	K	O	L	O
R	P	W	Z	H	C	R	I	O	D	O	D	O	W	A	J
A	Y	E	U	Q	W	U	V	B	H	G	A	Y	D	G	F
D	U	S	J	R	S	N	U	B	E	S	E	L	E	B	S
F	L	I	Y	U	E	B	G	G	E	D	V	S	A	A	I
V	M	J	M	R	W	V	F	E	A	D	O	D	G	R	G
R	F	O	Z	D	Y	E	D	I	F	E	A	A	E	A	E
U	A	G	B	A	R	A	I	L	S	T	I	S	X	R	L
G	N	A	E	Y	V	B	G	É	Y	T	K	J	B	E	J
G	O	G	Y	B	Q	V	B	Z	G	Z	W	K	B	L	L
E	B	I	N	P	A	X	O	B	D	G	N	U	T	I	T
B	G	F	G	J	X	O	L	Z	O	F	L	Q	X	B	R
B	T	B	S	I	G	Q	I	R	U	T	F	L	B	Z	E
I	G	L	W	L	I	V	A	K	Z	E	W	M	B	S	G
A	M	V	Q	Y	V	O	I	E	D	X	U	Q	Z	I	X
F	H	L	T	G	Y	J	G	T	T	F	B	Z	K	Y	S

ODODO
ELEDA
APEJUWE
GGBE
DARA
OLOKIKI
EBUN
ILERA
GBONA
EBI N PA

AWURE
EDA
TITUN
ELESE
AGBARA
OJISE
ILÉ
ORUN
LAGBARA
IGBO

89 - Psychology

C	V	B	Ì	I	M	O	R	A	W	Ì	W	Z	F	W	D
H	Y	E	F	Y	V	Z	V	N	À	R	Ì	Á	L	A	A
E	T	G	B	I	À	I	J	B	V	Á	L	À	R	L	K
V	Z	J	X	B	L	N	G	Y	T	N	U	C	C	X	B
M	X	A	M	J	L	U	W	B	H	T	R	J	R	G	X
V	U	C	K	V	J	H	S	Ò	E	Í	S	E	S	J	U
I	Z	B	T	A	I	O	R	Q	T	L	I	R	Q	X	E
E	O	M	O	D	E	Y	A	L	A	X	E	O	K	H	A
A	T	K	Y	W	V	B	G	C	A	C	L	W	Q	E	Y
Q	I	K	I	R	O	T	B	R	P	J	C	Z	Ọ	E	R
R	T	A	E	L	E	N	I	Y	A	N	G	Q	S	N	C
I	O	E	E	Q	Y	T	Z	Q	P	I	I	F	Z	V	X
S	Z	Y	G	H	I	Y	C	V	A	Q	J	B	Q	C	E
O	O	G	O	G	M	W	R	R	R	G	S	A	E	V	O
R	È	R	Ò	I	K	X	G	Q	A	G	D	K	C	B	M
O	I	S	Ẹ	G	U	N	I	W	A	K	U	A	K	J	G

ÌYÀNWÒ
IGBELEWỌN
IWA
OMODE
ISẸGUN
OHUN
IJA
ÀLÁ
EGO
IMORA
ÈRÒ
ORIKI
ENIYAN
ISORO
OTITO
ÌRÁNTÍ
ALAYE
ARAPAPA
ERO
ALÁÌRÀN

90 - Math

P	A	W	B	Z	H	T	G	B	F	U	S	A	P	A	M
V	A	R	E	T	E	M	A	I	D	A	I	G	O	A	V
W	Y	R	I	Y	H	C	Z	U	E	N	M	B	L	A	B
A	O	H	A	T	K	F	P	V	O	G	E	E	Y	F	C
M	E	T	A	L	H	G	Q	Ẹ	Q	L	T	G	G	D	R
Y	Y	G	S	Y	L	M	K	W	R	E	R	B	O	K	F
D	Z	U	Z	O	J	E	E	E	W	Ẹ	Y	E	N	T	E
E	X	X	E	A	O	O	L	T	N	E	N	O	P	X	E
C	V	U	Y	Y	D	E	G	I	I	H	B	H	L	F	L
I	E	Q	U	A	T	I	O	N	X	C	O	K	L	Y	G
M	L	P	A	R	A	L	L	E	L	O	G	R	A	M	N
A	A	J	I	O	M	E	T	I	R	I	K	A	Z	D	A
L	Y	L	I	P	I	N	L	J	S	J	V	R	L	B	T
L	I	I	W	S	H	S	V	X	Y	Z	H	T	A	X	E
G	K	F	O	O	A	Y	I	B	J	W	V	X	R	M	R
O	A	A	F	V	A	C	M	J	W	K	M	W	K	Q	I

ANGLE
ARITHMETIC
AYIKA
DECIMAL
DIAMETER
EQUATION
EXPONENT
IPIN
JIOMETIRIKA
PARALLELI
PARALLELOGRAM
AGBEGBE
PẸRẸ
POLYGON
RETANGLE
SIMETRY
META

91 - Water

Z	C	E	V	A	P	O	R	A	T	I	O	N	Z	F	L
V	X	A	L	G	M	Q	O	T	V	V	B	D	X	I	G
L	D	S	N	I	R	Ọ	R	Ọ	E	X	G	Z	Ọ	H	L
W	Z	S	O	A	O	G	X	B	M	Z	I	C	R	T	T
E	D	H	I	C	L	W	I	O	D	O	K	Q	Ọ	C	T
T	M	G	T	K	L	F	O	L	O	L	Y	G	R	L	A
R	J	E	A	Z	Q	R	L	T	L	L	A	Y	Ọ	G	A
Q	S	Y	G	Z	N	O	S	B	X	X	L	K	W	O	J
K	I	S	I	M	O	S	T	I	M	R	M	U	E	E	A
Ò	B	E	R	D	O	T	Q	E	I	W	Ọ	R	Ọ	D	J
R	K	R	R	D	S	E	L	E	J	F	X	O	C	C	T
Ò	W	Ú	I	S	N	I	Y	N	I	Y	Y	U	Z	M	C
U	L	Z	N	T	O	T	G	U	J	K	K	J	Q	Z	I
T	O	Q	Q	E	M	H	C	E	E	D	F	W	L	U	Ò
H	K	Y	H	A	X	F	I	A	Q	U	T	E	A	U	J
C	T	F	R	M	U	U	Z	K	K	L	Z	H	E	C	Ò

CANAL
EVAPORATION
OMI
FROST
GEYSER
ỌRỌRỌ
EJIJI
YINYIN
IRRIGATION
LAKE
ỌRỌRIN
MONSOON
ÒKÚN
ÒJÒ
ODO
IWỌRỌ
ÒRÒ
STEAM
IGBO

92 - Activities

A	W	O	E	S	R	E	U	U	O	Y	G	K	F	C	Y
A	K	L	L	M	D	D	R	R	V	A	W	R	T	O	M
F	K	O	J	B	A	O	I	E	W	Z	G	T	V	S	M
E	B	G	H	R	W	S	S	H	X	C	B	D	Z	N	C
F	X	B	J	D	S	Y	I	E	K	Ẹ	Ọ	G	B	A	S
E	U	O	U	G	O	Z	N	F	J	X	Ṣ	F	J	R	E
X	I	N	F	Y	G	D	M	M	G	A	R	I	D	A	N
B	H	J	I	B	R	À	I	W	S	F	F	F	R	R	K
U	R	O	I	Z	C	G	U	C	X	W	E	M	D	R	Y
U	T	M	G	J	J	B	F	M	U	Q	M	H	K	S	I
X	Q	D	K	Q	H	À	H	O	W	A	U	H	U	F	G
X	X	F	E	H	Z	L	C	E	L	W	B	G	Q	T	B
O	Z	R	R	X	D	A	Y	B	M	O	R	R	A	Z	C
V	Y	V	R	Z	B	Y	M	I	R	R	R	J	L	T	W
T	K	F	H	X	X	A	K	T	H	A	O	S	I	J	Ó
I	G	B	A	G	B	O	O	T	G	N	I	K	I	H	A

IṢẸ
AWORAN
ÀGBÀ
IJÓ
EJA
ERE
ỌGBA
HIKING
ODE
AFEFE
IDAN
IGBAGBO
KA
ISINMI
ARANSO
OLOGBON

93 - Business

H	E	M	R	M	I	A	J	Ọ	Ì	O	O	A	C	A	V
E	Y	O	N	U	D	L	A	S	S	H	W	G	Y	G	I
J	Z	Z	L	I	U	A	E	H	Ọ	Y	O	W	A	B	D
A	H	B	J	C	N	G	T	K	J	Q	D	E	N	A	G
Q	D	M	U	Y	A	B	S	I	À	H	I	T	U	N	D
V	A	X	K	T	D	A	X	Y	T	O	D	X	S	I	Y
B	Z	O	W	O	U	R	S	F	B	O	T	S	I	S	T
E	U	W	X	R	R	A	E	T	W	M	R	L	M	I	S
Ẹ	O	H	W	D	A	B	D	A	U	X	Q	S	K	Ṣ	V
Ṣ	I	H	Y	F	S	M	C	V	W	R	T	I	M	Ẹ	F
I	V	M	R	C	G	C	Q	C	F	R	K	J	R	T	B
E	C	I	F	F	O	W	X	A	M	A	E	C	Y	F	G
L	R	I	Ṣ	Ẹ	´	H	V	S	S	R	K	O	X	V	M
I	W	E	S	I	S	O	O	O	B	O	Ṣ	I	Ṣ	Ẹ	S
I	Y	T	J	S	Y	G	H	Z	I	J	D	U	G	H	D
F	O	M	O	W	O	O	R	I	D	W	L	E	W	U	Q

OGA
ISUNA
IṢẸ́
OWO
EYONU
AJE
OṢIṢẸ
AGBANISIṢẸ
ILE-IṢẸ
IDOWO
ALAGBARA
ỌJA
OFFICE
ERE
TITA
ÌSỌJÀ
OSISE
OWO-ORI
IDUNADURA

94 - The Company

B	W	G	E	R	C	D	D	F	B	I	W	I	Q	T	X
O	Ẹ	S	W	Q	W	R	X	´	Ẹ	Ṣ	I	G	R	J	C
W	R	T	U	D	W	A	Y	D	C	E	W	B	B	B	E
O	Ẹ	U	J	A	W	I	S	Ọ	L	I	Ọ	E	R	F	S
J	B	E	K	I	K	H	L	M	L	I	L	J	L	S	C
M	G	Y	X	O	S	I	L	M	V	D	E	A	R	A	D
Z	A	D	E	L	E	E	R	L	Y	V	Y	D	J	Y	I
I	A	H	I	Z	U	S	I	D	S	V	A	E	H	Ọ	P
E	Y	M	J	B	O	E	X	S	X	A	B	Z	C	Z	I
K	E	M	X	E	F	S	L	Z	E	Y	G	K	K	X	N
I	D	O	W	O	D	O	D	O	L	O	A	L	G	M	N
I	Z	W	U	S	U	C	X	G	V	K	H	M	W	Q	U
W	G	M	S	U	A	Y	G	O	V	W	B	X	Y	E	K
Y	G	R	X	Q	T	E	R	S	E	C	R	T	F	S	J
H	U	B	J	H	F	M	I	M	X	T	U	U	F	K	S
Z	J	T	J	G	D	I	K	Z	B	V	O	Q	J	E	Z

OWO
ELEDA
IPINNU
IṢẸ́
AGBAYE
ISE-ISE
OLODODO
IDOWO
OSESE
IGBEJADE
ỌJA
AGBẸRẸ
ILỌSIWAJU
DARA
ORUKO
WIWỌLE
EWU

95 - Literature

O	R	I	K	I	I	R	O	K	A	R	A	M	I	Z	T
R	W	D	O	Q	R	S	Y	G	F	D	E	B	F	Q	B
E	B	A	G	G	O	D	G	O	M	J	A	H	Ọ	T	Y
B	F	K	R	H	Y	F	Y	G	K	Y	N	G	R	V	S
T	J	I	Q	Y	I	B	I	E	V	Ü	E	J	Ọ	L	C
S	O	W	C	B	N	U	R	W	U	B	C	W	W	I	H
C	H	R	H	Y	T	H	M	K	E	G	D	T	Ọ	T	H
H	U	D	V	E	W	U	J	E	P	A	O	O	R	F	J
Ì	N	A	R	I	Z	S	Q	À	E	B	T	F	Ọ	Y	W
J	T	B	J	I	B	M	Q	A	F	G	E	T	W	W	R
Q	I	Í	X	E	J	U	N	A	B	I	X	A	Ọ	I	H
H	N	L	T	M	O	G	R	F	O	Ì	K	Í	R	O	Y
I	L	Z	S	Ó	Q	A	A	W	Z	B	K	Ú	Ọ	C	M
Q	E	Z	G	M	L	J	O	Z	R	D	R	I	N	U	E
X	S	T	F	E	T	O	G	F	E	X	K	W	S	Q	W
N	O	V	E	L	Y	I	J	H	X	M	H	C	S	W	J

OHUN TINLE
ANECDOTE
IGBAGBÜ
FIWE
IKADI
APEJUWE
IFỌRỌWỌRỌWỌRỌ
IROYIN
IRAN
ÀFIKÚN
OLÓTÍTÌ
NOVEL
ERO
ORIKI
ORÍKÌ
RHYME
RHYTHM
ARA
AKORI
IBANUJE

96 - Geography

A	L	U	G	A	G	G	M	R	Z	H	J	E	B	A	T
B	G	T	F	R	B	F	D	G	B	I	G	B	E	T	E
A	R	B	W	E	B	I	W	B	A	U	X	S	Y	L	G
B	O	S	A	V	G	Y	E	W	F	R	C	S	A	A	B
Z	T	C	H	R	T	A	W	I	R	À	T	F	V	S	E
C	U	K	H	Y	A	Ò	G	B	V	G	Q	B	D	U	D
I	I	M	V	T	O	K	O	B	Z	R	Q	I	L	Z	R
A	R	N	U	K	O	E	M	Y	A	Z	R	J	A	G	T
X	C	U	G	Ò	K	Ú	N	A	F	Y	A	Q	T	Y	O
M	E	R	I	D	I	A	N	S	P	H	E	K	I	Ì	R
F	D	O	S	O	U	T	H	K	Z	T	G	K	T	L	I
V	A	`	H	E	M	I	S	P	H	E	R	E	U	Ú	L
B	G	Ọ	O	R	Í	L	Ẹ	`	È	D	È	S	D	L	E
H	D	W	D	J	T	U	W	I	Z	S	Y	L	E	R	E
F	R	Ì	O	M	D	F	T	U	U	J	W	M	U	C	D
W	D	W	A	S	V	X	Y	D	O	G	X	B	V	L	E

AGBARA
ATLAS
ÌLÚ
AGBAYE
ORILE-EDE
GBIGBE
HEMISPHERE
ORÍLẸ̀-ÈDÈ
LATITUDE
MAP
MERIDIAN
ÒKE
ÀRIWA
ÒKÚN
EGBE
ODO
OKUN
SOUTH
ÌWỌ̀ ORUN
AYE

97 - Jazz

O	T	T	Q	Z	Ì	I	M	U	D	A	R	A	S	I	A
N	L	A	Y	K	L	L	A	I	V	R	W	N	B	K	L
Í	F	V	L	J	S	M	Ú	E	T	T	D	A	S	H	B
K	J	G	X	E	R	E	A	D	I	S	R	L	D	R	U
Ú	W	W	S	V	N	I	R	O	N	E	Q	I	I	D	M
N	Ẹ	W	L	R	E	T	R	Q	N	H	L	T	R	H	O
U	E	F	O	L	O	R	I	N	U	C	O	I	A	X	W
Ì	P	I	N	S	O	H	W	Y	K	R	L	T	N	Q	W
K	X	Q	J	A	Q	K	Y	X	U	O	O	U	O	V	V
O	U	C	G	C	Y	B	V	W	N	R	K	N	U	Q	K
A	W	U	R	E	B	A	B	L	U	T	I	J	Y	Q	V
Ò	G	B	Ó	L	Ó	G	B	Ò	Ó	J	K	I	O	B	D
T	X	A	U	R	V	Q	O	A	R	A	I	U	D	B	I
B	E	C	J	M	Y	Y	O	A	T	C	E	Y	R	B	D
I	K	K	E	A	H	K	M	U	Y	V	U	I	V	C	H
R	H	Y	T	H	M	F	X	C	K	O	O	S	M	T	K

ALBUM
ÌPIN
OLORIN
ONÍKÚN
AWURE
ERE
ÌLÚ
TINNUKUNU
OLOKIKI
AYANFẸ
IRAN
IMUDARASI
TITUN
ÒGBÓLÓGBÒÓ
ORCHESTRA
RHYTHM
ORIN
ARA
TALENT
ILANA

98 - Nature

T	H	R	U	B	S	O	B	G	I	S	Z	G	W	O	U
T	T	D	R	Z	E	Y	Ẹ	W	A	A	R	C	T	I	C
X	G	R	D	F	R	I	W	É	Q	K	B	G	Q	E	M
M	B	R	L	I	E	N	À	Y	Ì	J	Ì	H	B	B	B
Q	G	C	T	I	N	W	I	Á	F	F	Y	J	E	E	O
X	A	V	Z	H	E	O	E	D	U	F	I	E	U	U	G
O	K	N	A	R	Ẹ	J	K	Ì	B	T	B	S	X	U	S
S	R	`	Ẹ	L	Á	Ṣ	A	T	R	O	P	I	C	A	L
L	C	Z	Z	J	A	W	H	I	E	R	U	W	A	S	L
A	Q	L	B	I	K	F	W	H	I	P	A	T	A	K	I
Z	T	F	S	G	V	O	I	S	C	O	T	C	I	W	X
Y	S	L	S	O	B	F	T	A	A	E	F	Y	U	D	M
S	D	M	L	F	D	B	F	J	L	R	A	A	D	F	W
C	U	Z	O	S	V	O	U	Q	G	D	X	I	Q	Z	Z
I	G	B	A	G	B	Ü	O	M	R	S	Q	O	F	J	K
R	G	R	W	V	D	J	T	E	H	U	M	B	M	B	O

ẸRANKO
ARCTIC
ẸWA
OYIN
AWURE
AṢÁLẸ̀
ÌDÁYÉ
ÌJÌYÀN
FOG
EWE
IGBO
GLACIER
ALAFIA
ODO
IGBAGBÜ
SERENE
TROPICAL
PATAKI

99 - Vacation #2

M	S	E	F	Y	F	Y	C	A	H	A	W	O	S	X	S
G	C	B	A	O	G	A	Z	À	G	Ọ	´	K	T	I	C
H	T	B	G	O	A	M	T	À	G	B	À	U	V	J	Q
R	D	A	I	U	D	A	Q	C	T	X	H	N	I	C	Y
O	Y	H	X	Y	C	N	O	I	G	R	M	U	S	D	C
E	D	M	U	I	M	N	I	S	I	R	V	K	A	K	Y
T	Z	J	M	J	W	F	M	R	S	Z	G	O	I	È	O
V	L	K	C	E	F	E	F	A	I	G	D	O	V	D	A
J	T	I	A	J	W	C	J	F	F	Ọ	D	T	F	È	T
Q	F	X	Y	A	R	S	M	Y	A	Z	K	E	S	`	E
O	K	O	O	F	U	R	U	F	U	M	G	Ọ	C	Ẹ	W
B	H	O	T	E	L	I	R	I	N	A	J	O	Q	L	F
Ì	Y	À	N	L	Ọ	´	D	I	R	R	I	T	S	Í	Q
I	I	G	B	A	N	A	R	P	A	S	S	P	O	R	T
F	H	M	W	S	D	C	V	X	A	B	Q	A	A	O	I
O	Y	T	V	C	I	G	O	U	V	M	I	T	U	W	X

OKO OFURUFU
ETO-OKUN
ÀGBÀ
ÌYÀNLỌ́
AJEJI
ISINMI
HOTEL
ORÍLẸ̀-ÈDÈ
IRIN AJO
AFEFE
MAP
PASSPORT
OKUN
TAXI
ÀGỌ́
ỌKỌ-IRIN
IGBANA
VISA

100 - Electricity

G	E	N	E	R	A	T	O	R	F	O	A	E	R	Q	G
D	R	U	L	E	W	M	Q	A	Q	Ọ	S	L	E	Y	Z
Z	E	S	B	S	V	B	A	T	I	R	I	E	Z	K	O
N	R	U	A	A	T	S	Q	A	D	Ẹ	F	C	O	E	V
O	R	Q	C	L	O	D	F	U	O	F	U	T	P	T	W
I	H	E	B	Z	Y	B	R	C	U	U	O	R	O	U	F
S	G	U	L	F	K	Z	S	K	D	L	J	I	C	F	O
I	W	J	N	Ẹ	U	E	W	W	F	M	W	C	I	S	O
V	G	L	T	F	C	Z	F	D	X	R	O	I	B	J	N
I	Z	O	J	F	H	T	B	S	Z	M	M	A	K	U	U
L	Y	H	Q	Z	T	Q	R	G	W	A	S	N	Y	Z	D
Ẹ	L	G	K	F	Q	S	F	I	B	G	B	M	V	X	D
T	Q	U	E	E	A	S	T	K	C	N	I	S	E	V	U
L	T	E	S	Q	L	I	Q	Y	D	E	V	H	E	U	Y
W	D	W	H	B	M	Z	E	T	R	T	Z	O	G	G	U
A	T	U	P	A	Z	Ì	P	A	M	Ọ	´	M	F	E	W

BATIRI
CABLE
ELECTRIC
ELECTRICIAN
ẸRỌ
GENERATOR
ATUPA
LASER
MAGNET
ODI
REZO
OHUN
RERE
OPO
ÌPAMỌ́
FOONU
TẸLIVISION

1 - Antiques

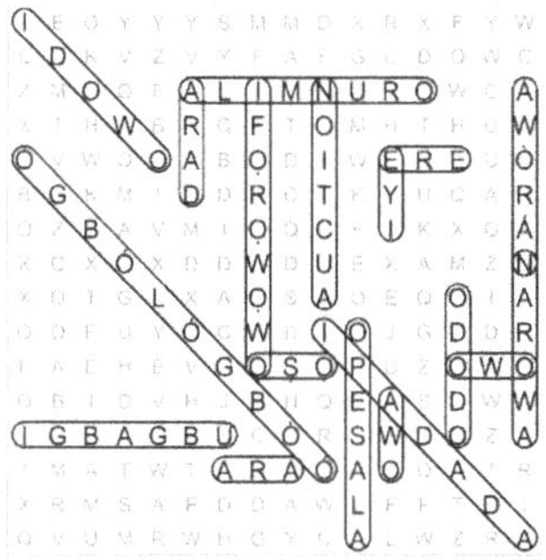

2 - Food #1

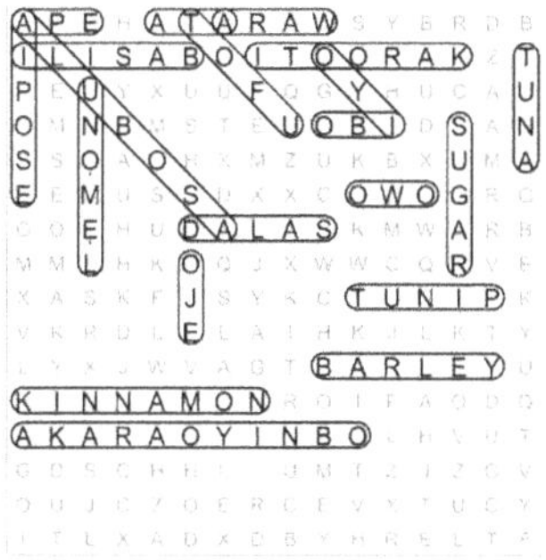

3 - Measurements

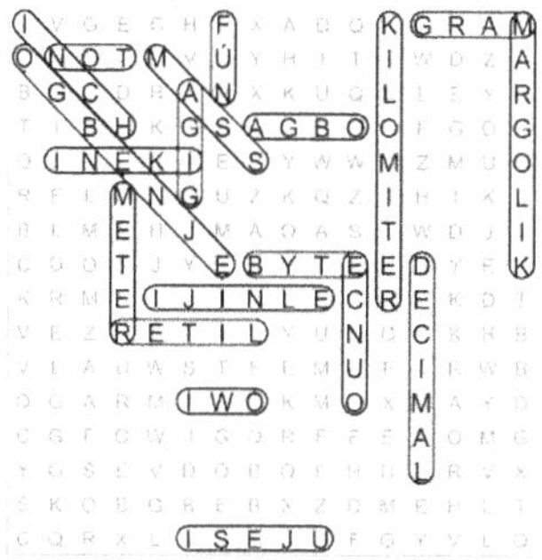

4 - Farm #2

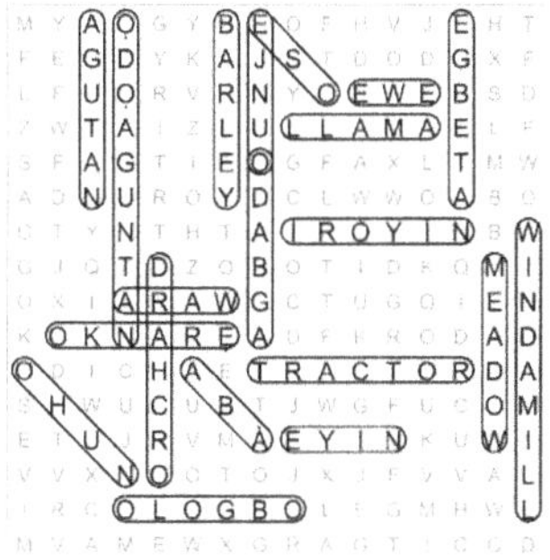

5 - Books

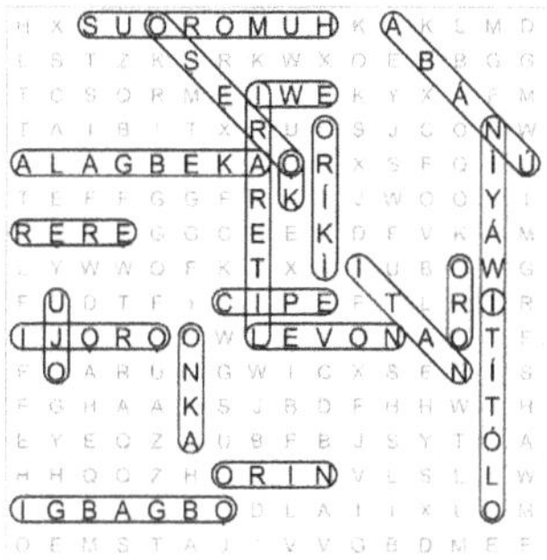

6 - Meditation

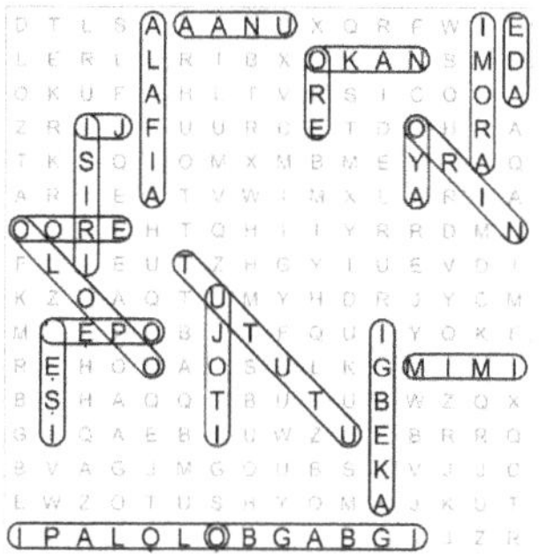

7 - Days and Months

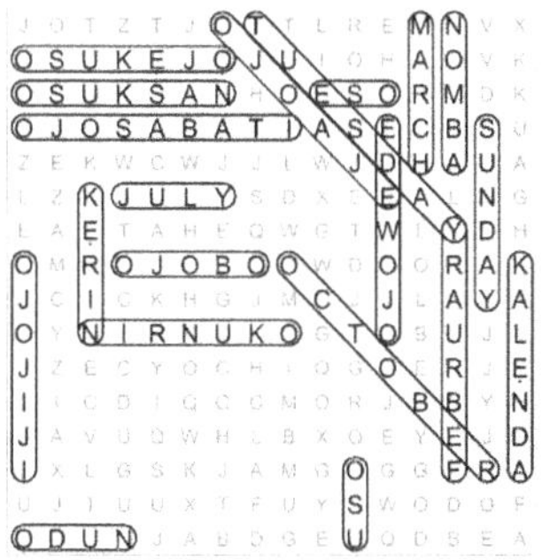

8 - Energy

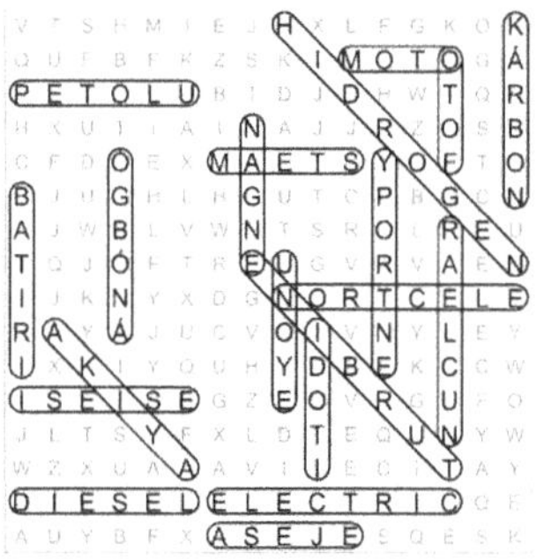

9 - Archeology

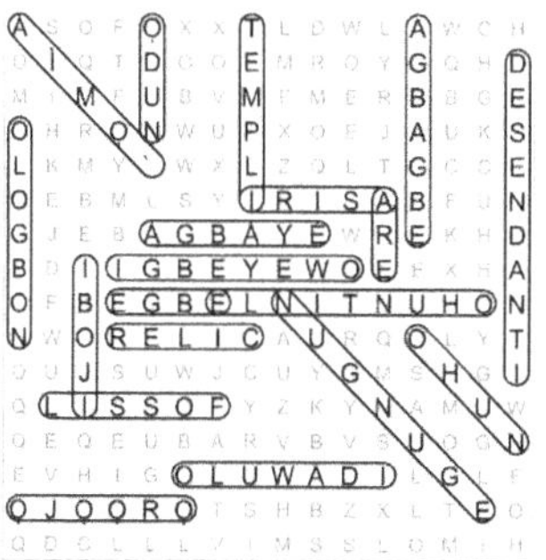

10 - Food #2

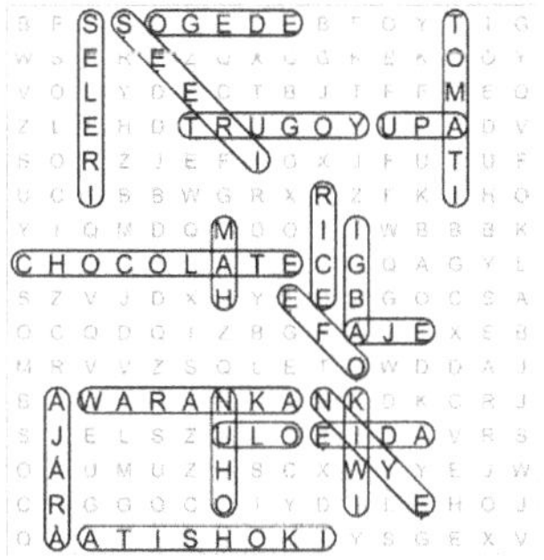

11 - Chemistry

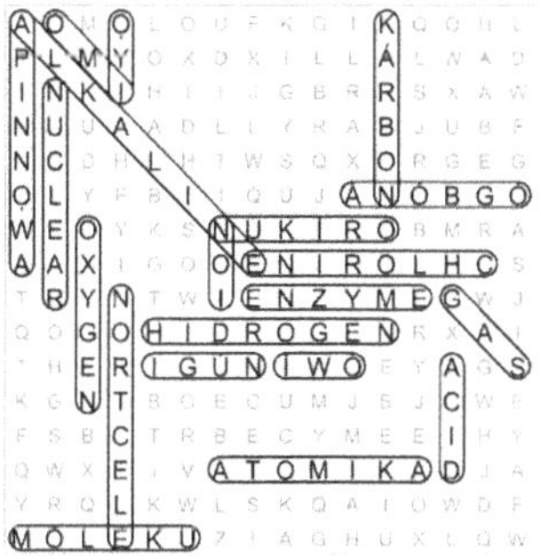

12 - Music

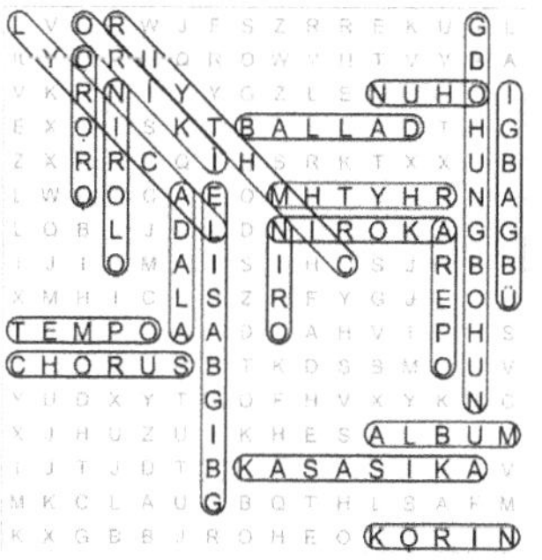

13 - Family

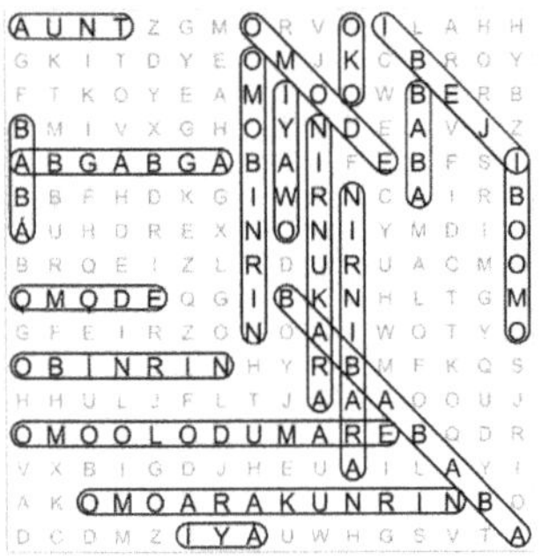

14 - Farm #1

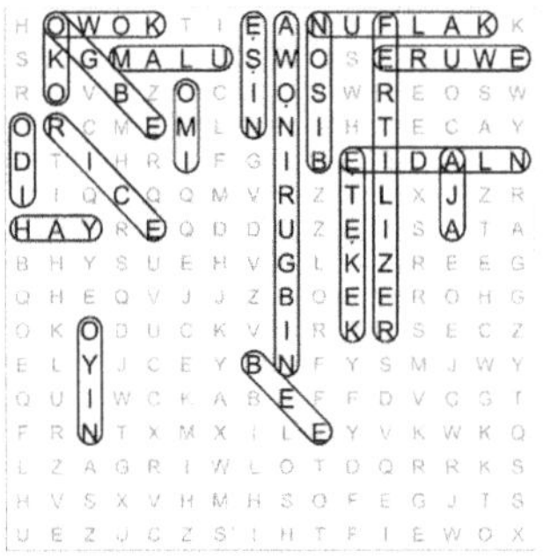

15 - Camping

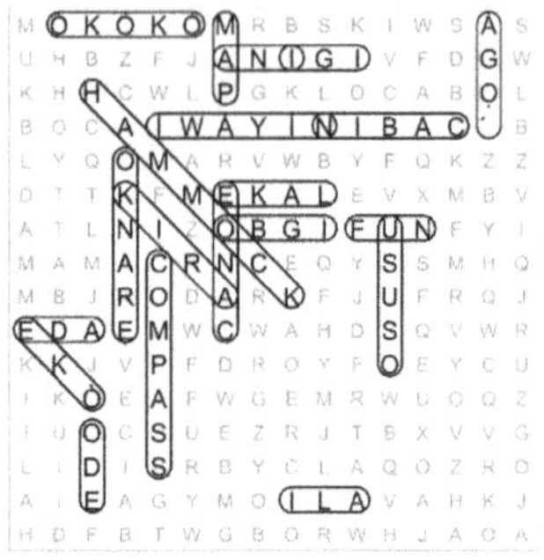

16 - Algebra

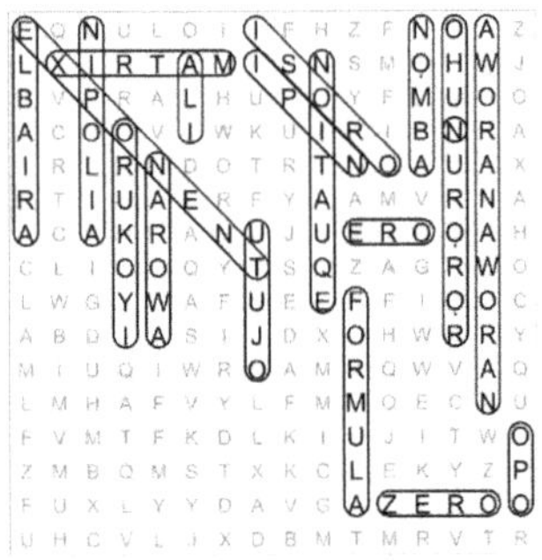

17 - Numbers

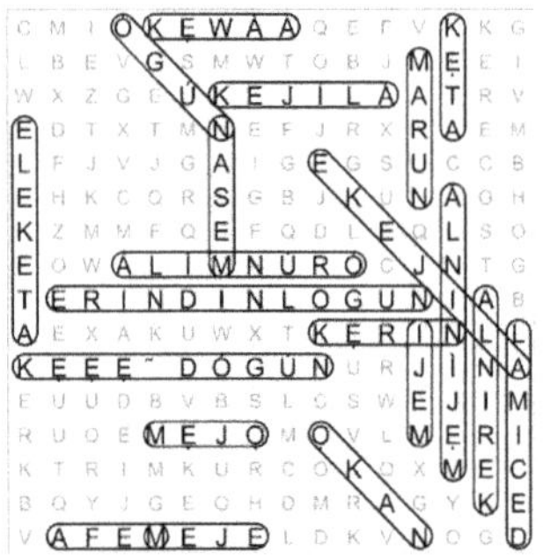

18 - Spices

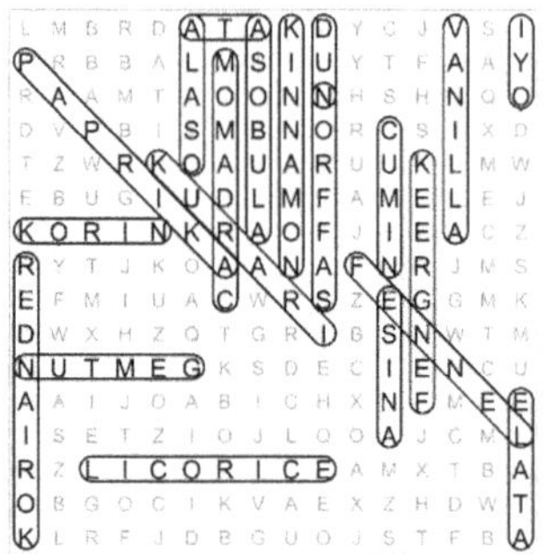

19 - Universe

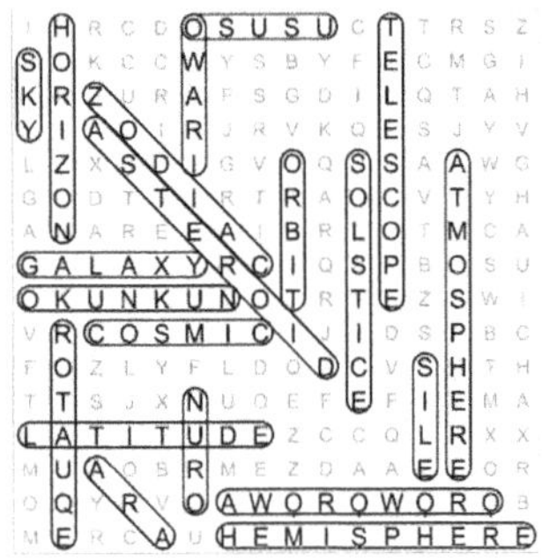

20 - Mammals

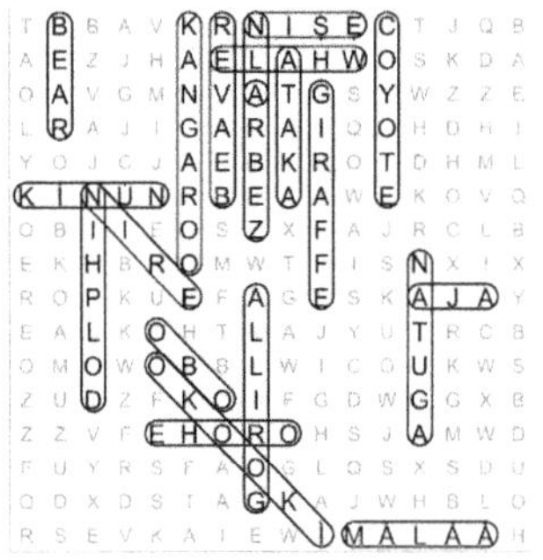

21 - Fishing

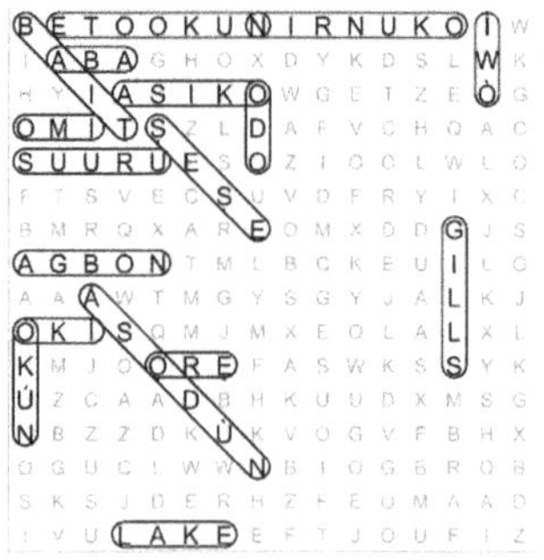

22 - Bees

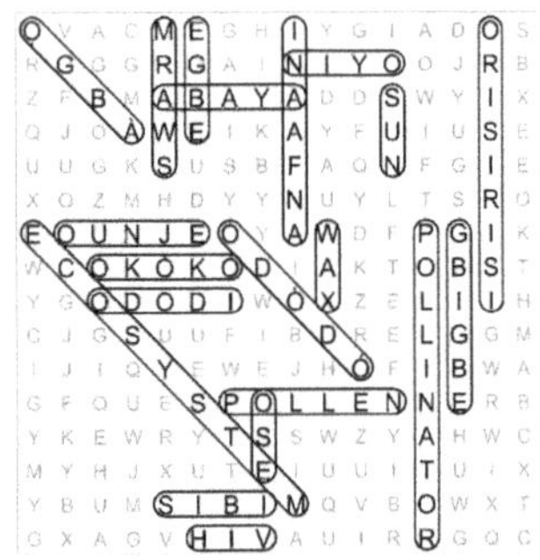

23 - Job Skills

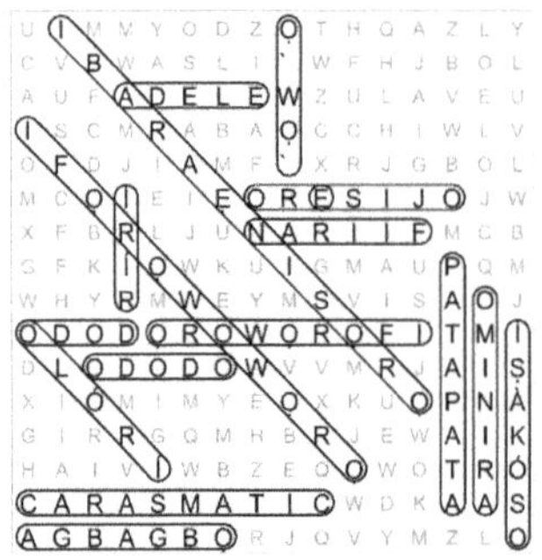

24 - Photography

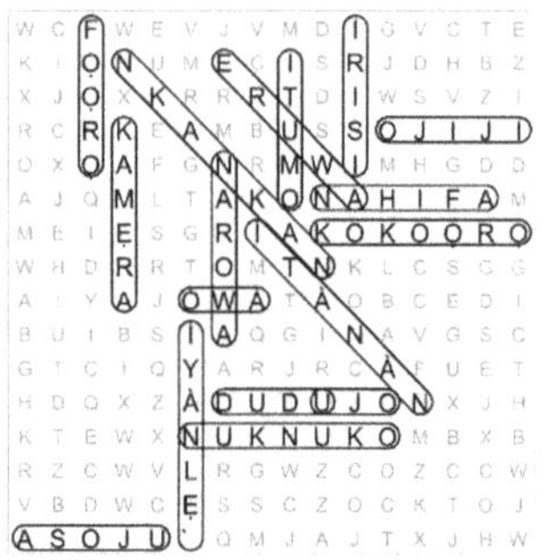

25 - Weather

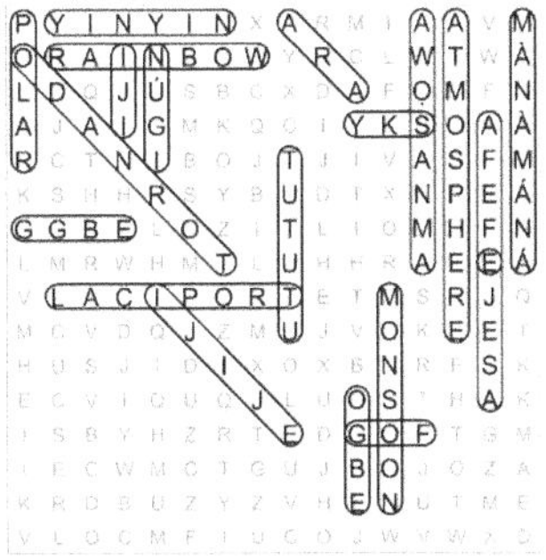

26 - Adventure

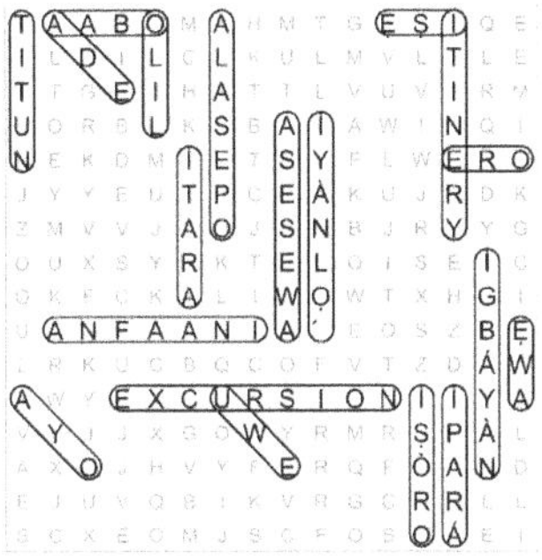

27 - Restaurant #2

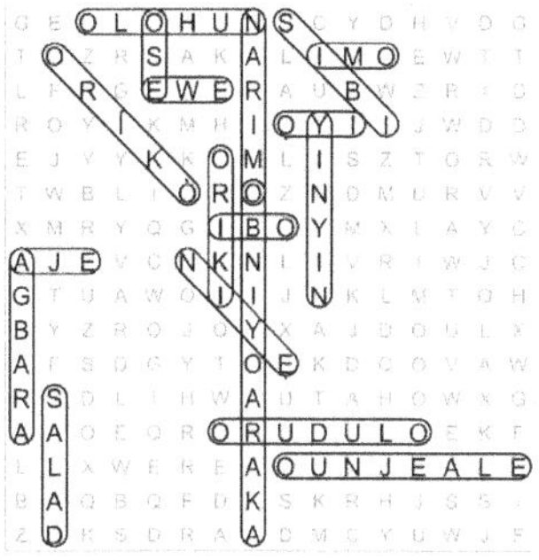

28 - Geology

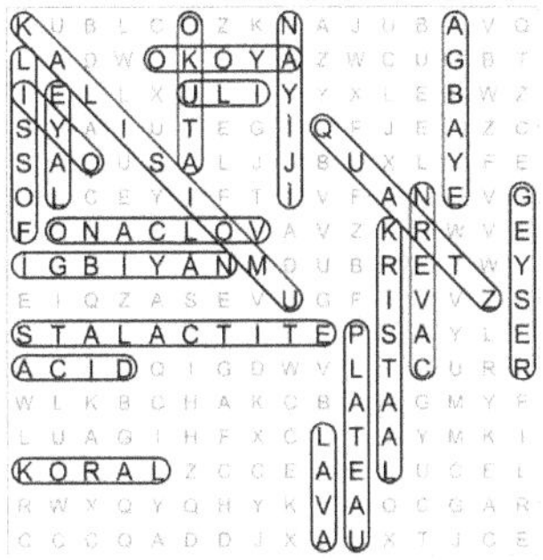

29 - House

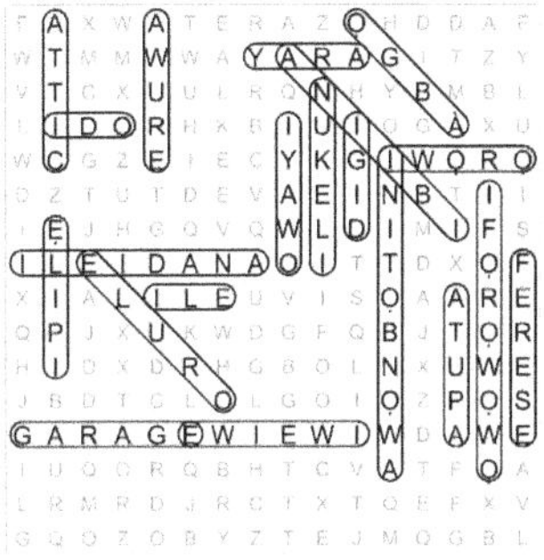

30 - Physics

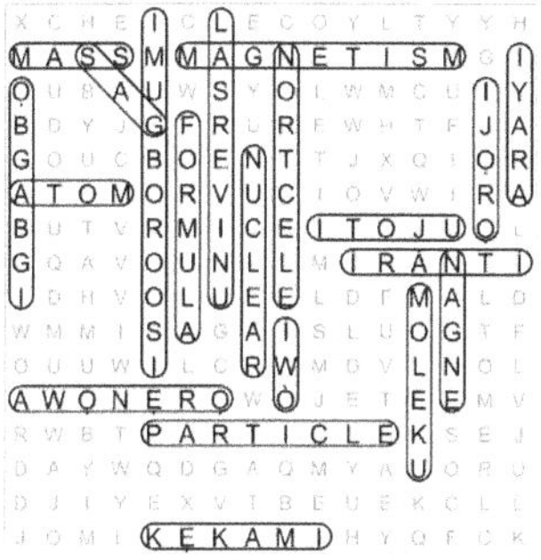

31 - Bathroom

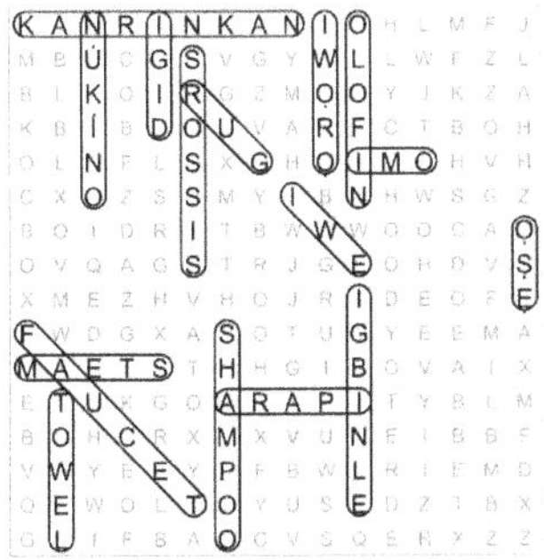

32 - Dance

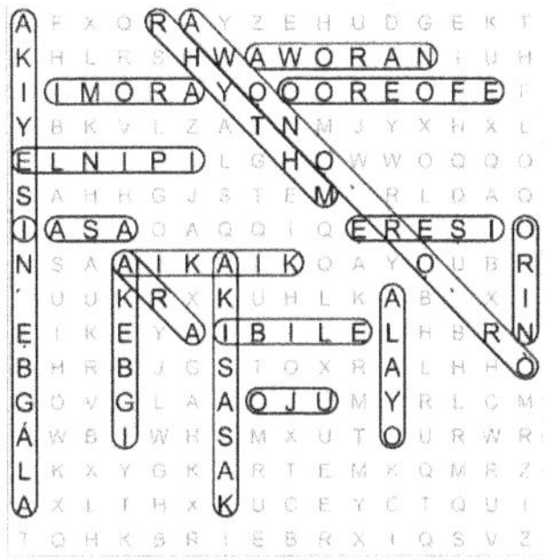

33 - Shapes

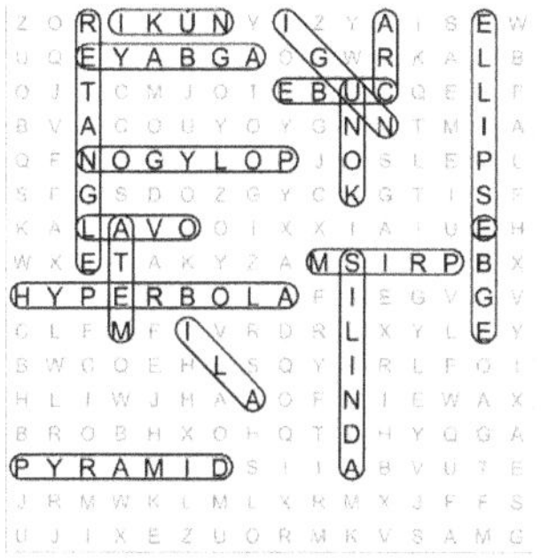

34 - Scientific Disciplines

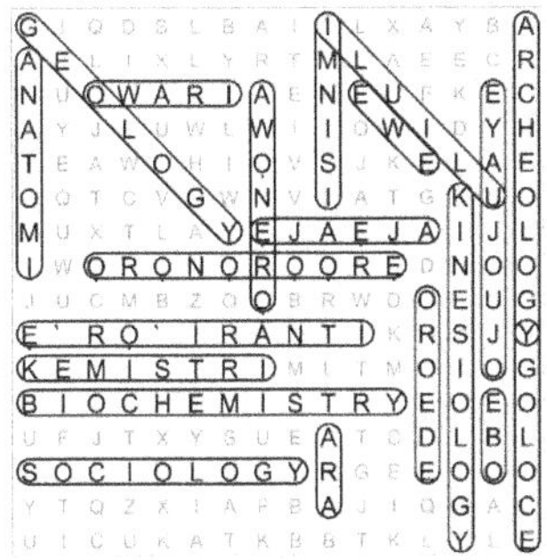

35 - Science

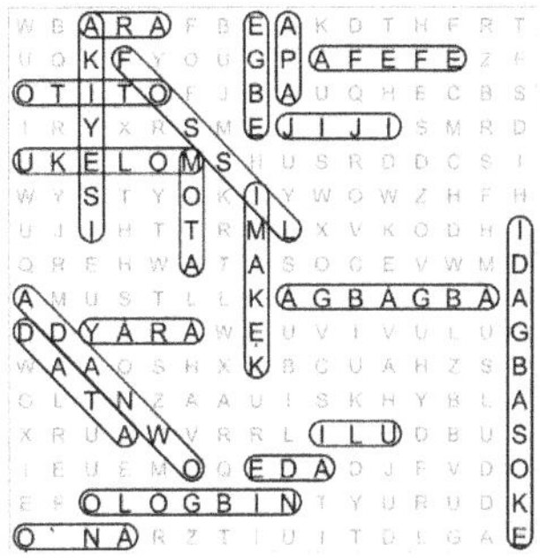

36 - Beauty

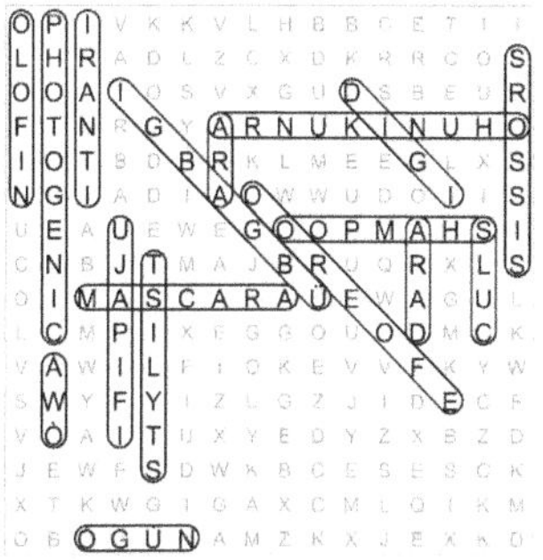

37 - Clothes

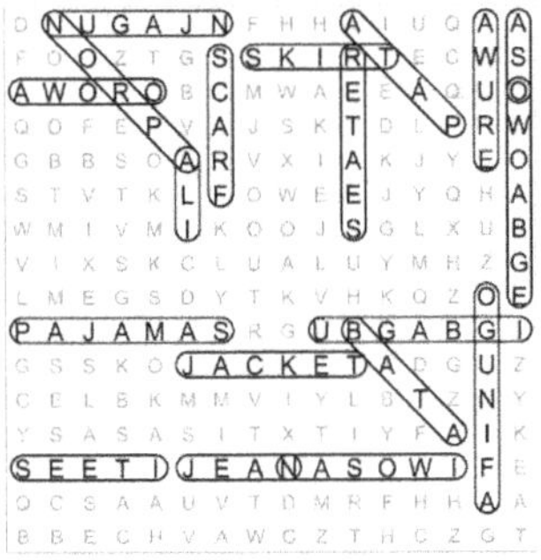

38 - Ethics

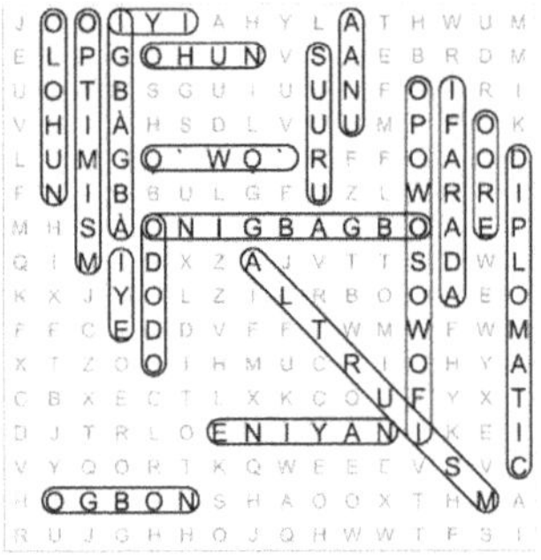

39 - Insects

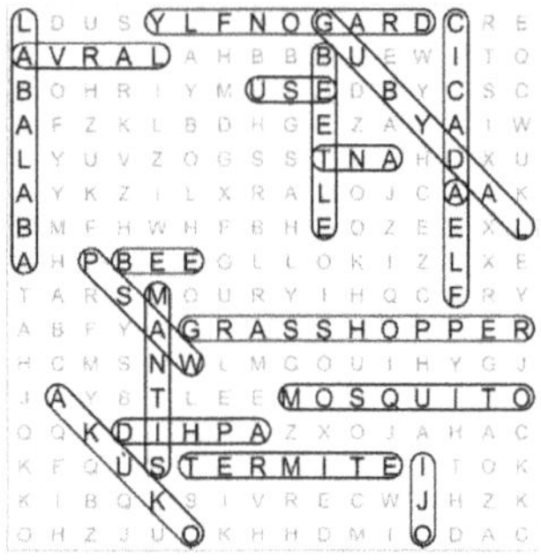

40 - Astronomy

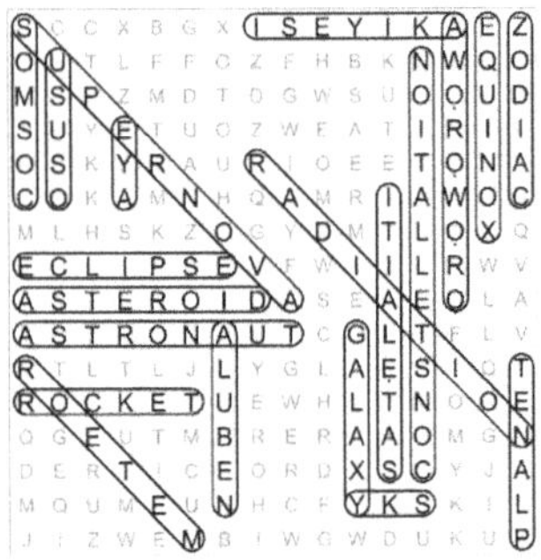

41 - Health and Wellness #2

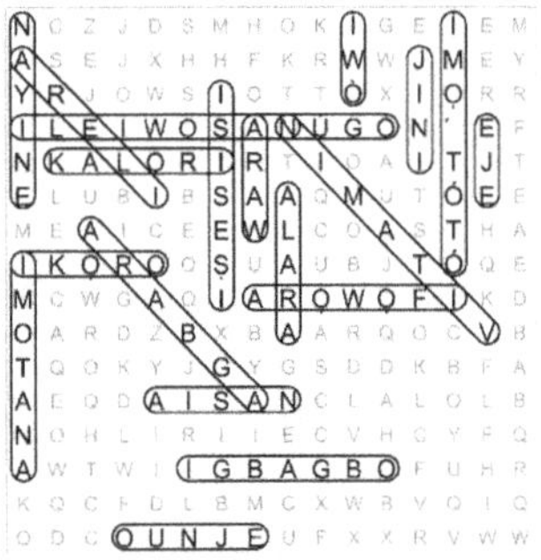

42 - Disease

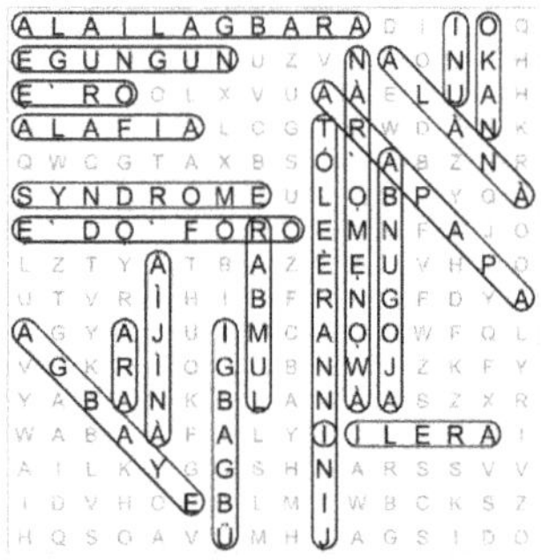

43 - Time

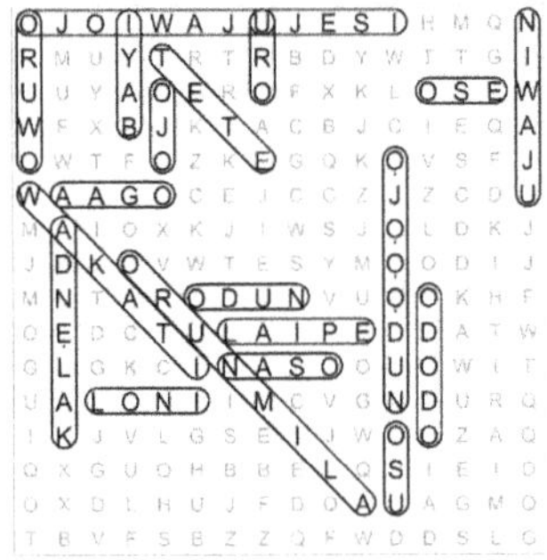

44 - Buildings

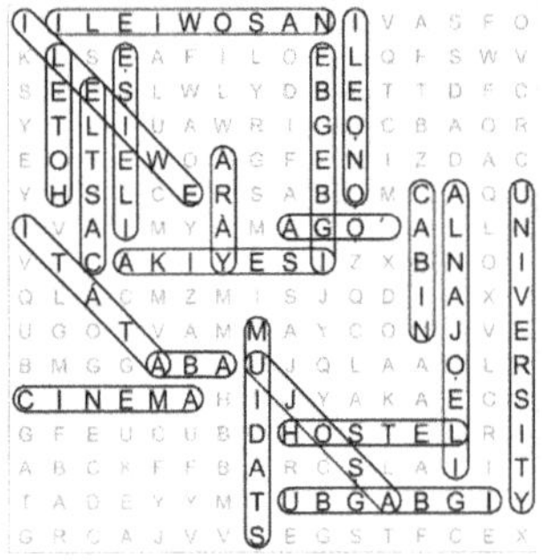

45 - Gardening

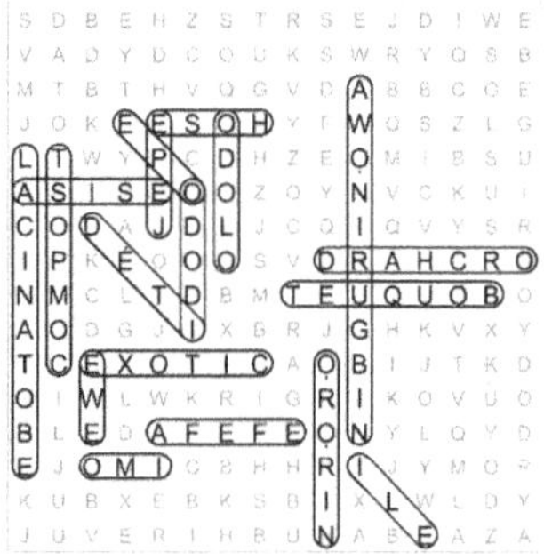

46 - Herbalism

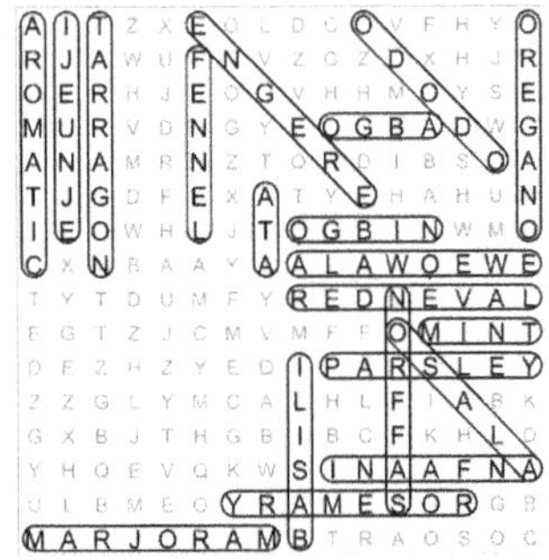

47 - Vehicles

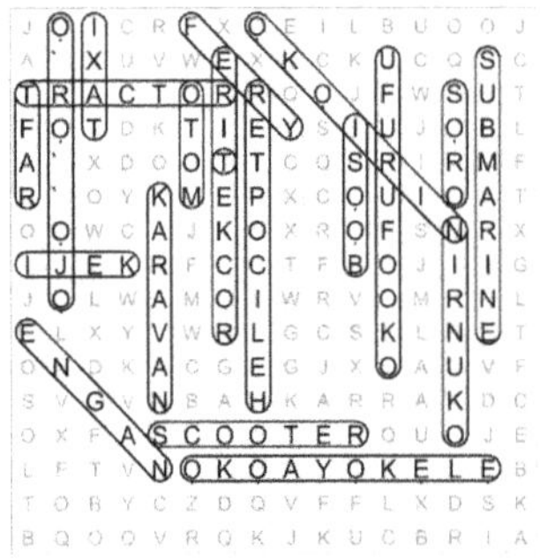

48 - Health and Wellness #1

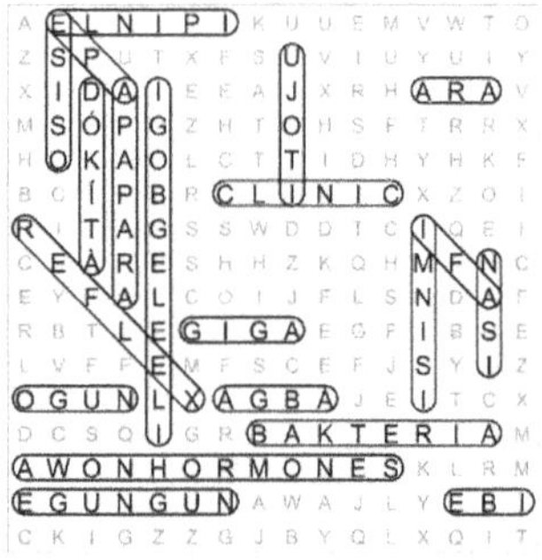

49 - Town

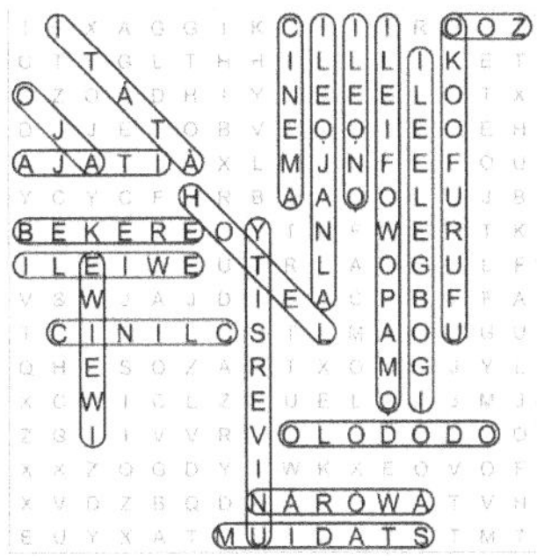

50 - Antarctica

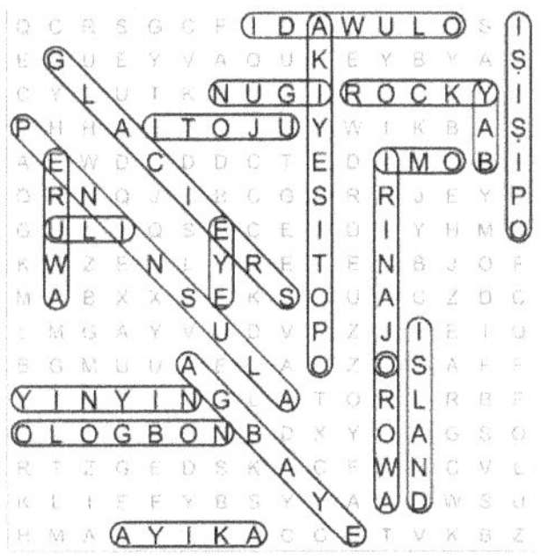

51 - Ballet

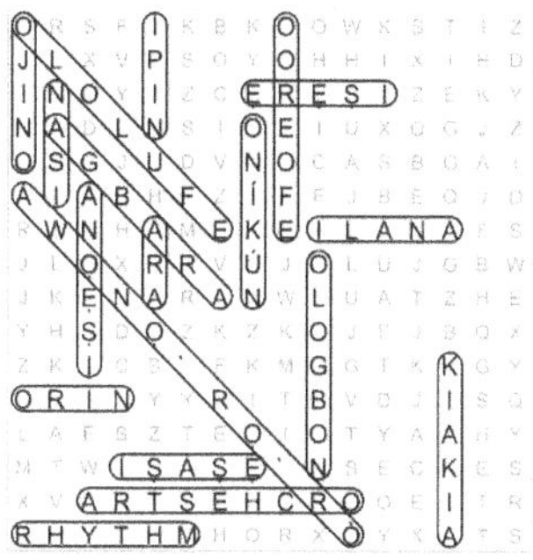

52 - Human Body

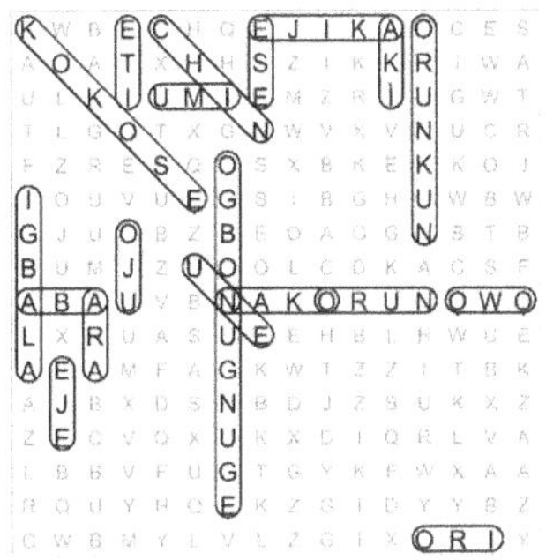

53 - Musical Instruments

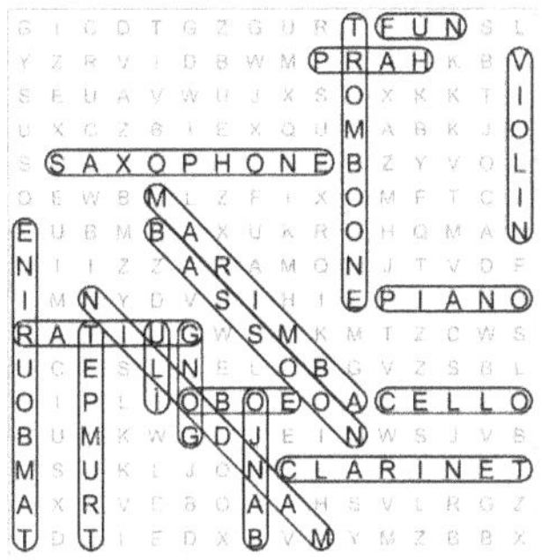

54 - Fruit

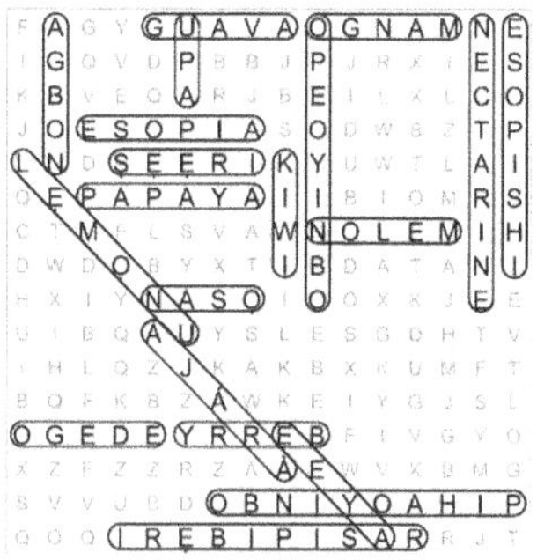

55 - Virtues #1

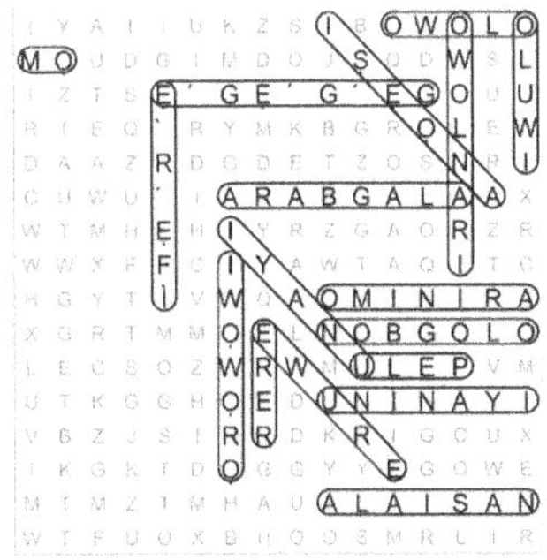

56 - Engineering

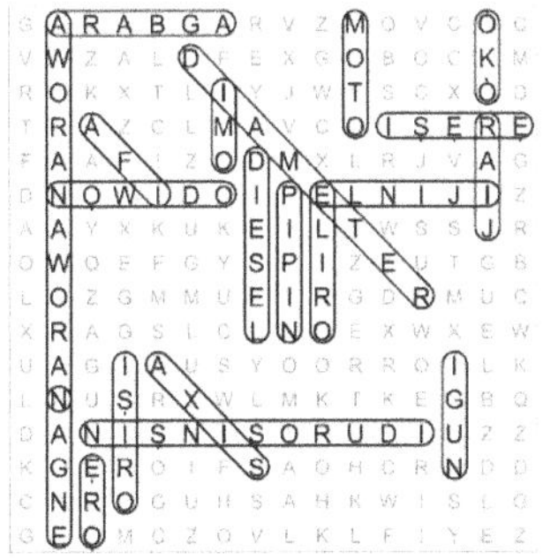

57 - Government

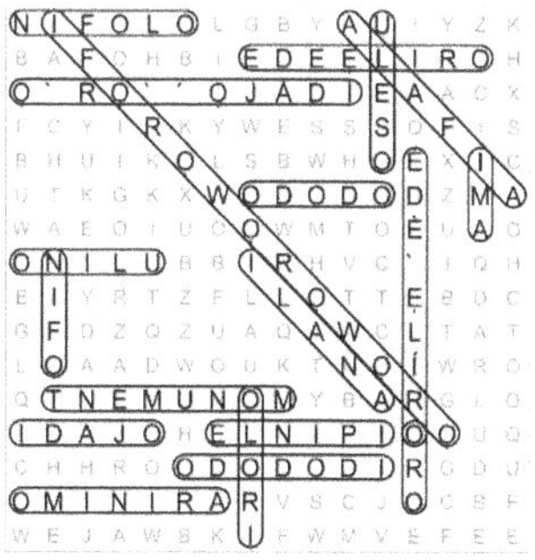

58 - Science Fiction

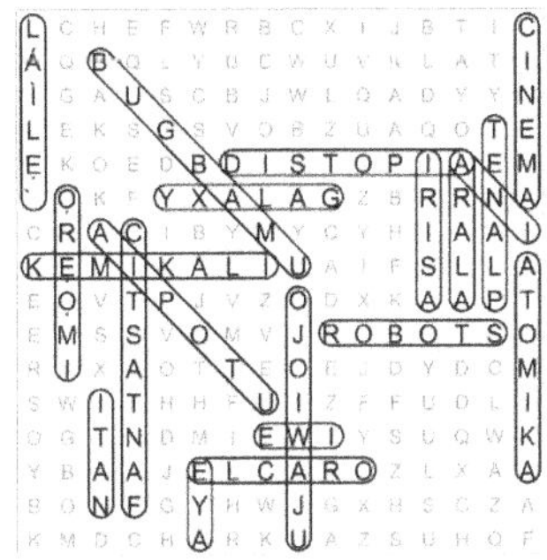

59 - Geometry

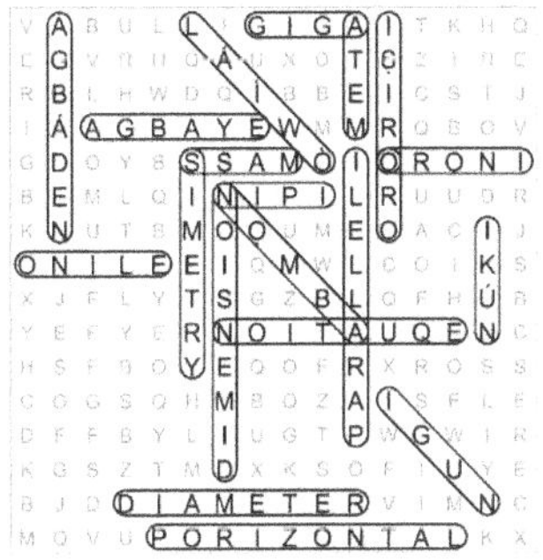

60 - Airplanes

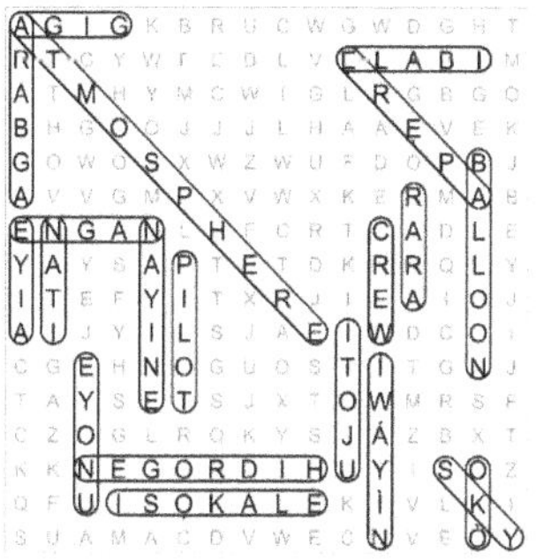

61 - Ocean

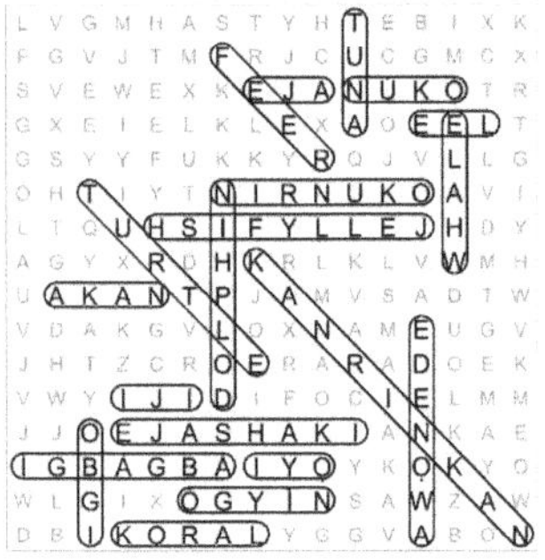

62 - Force and Gravity

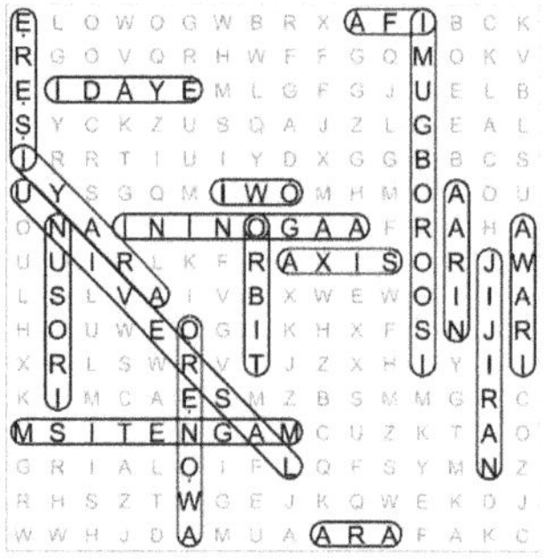

63 - Birds

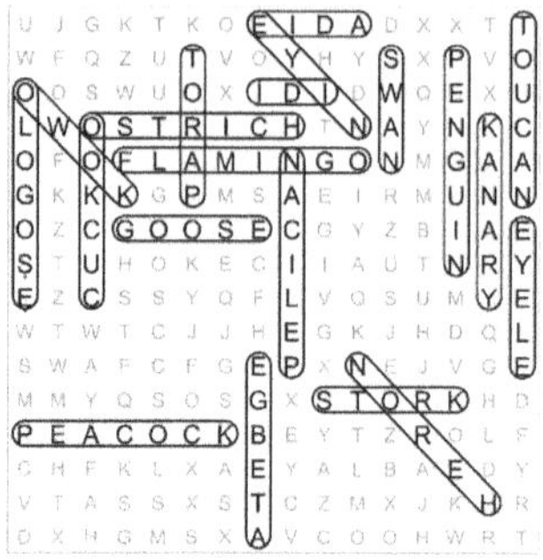

64 - Nutrition

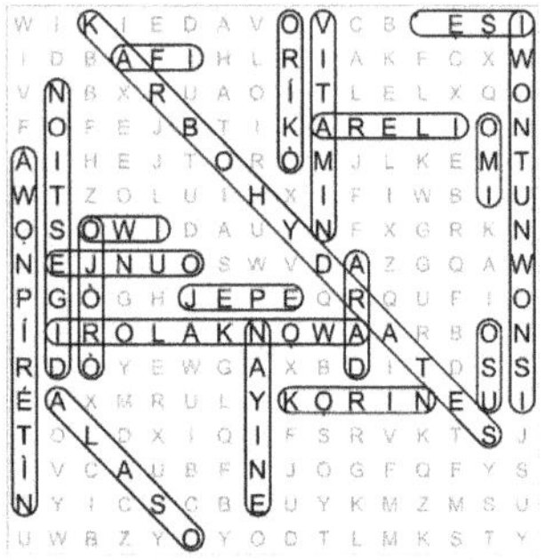

65 - Hiking

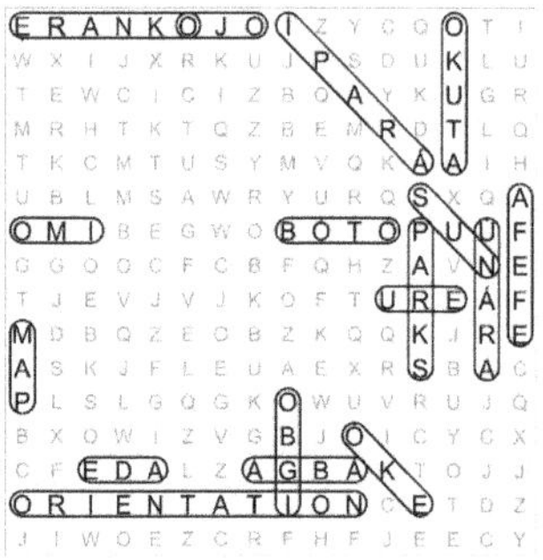

66 - Professions #1

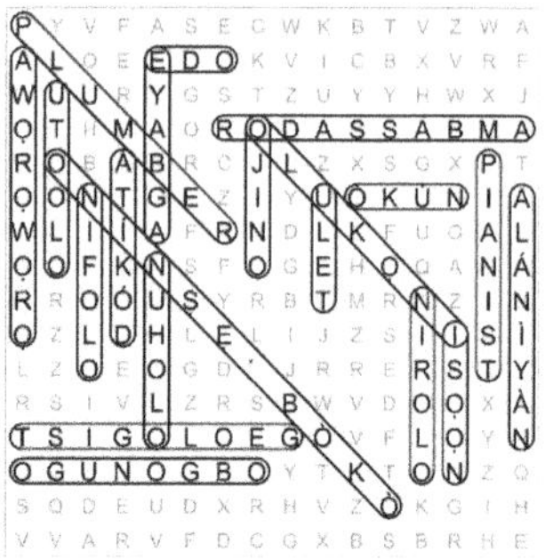

67 - Barbecues

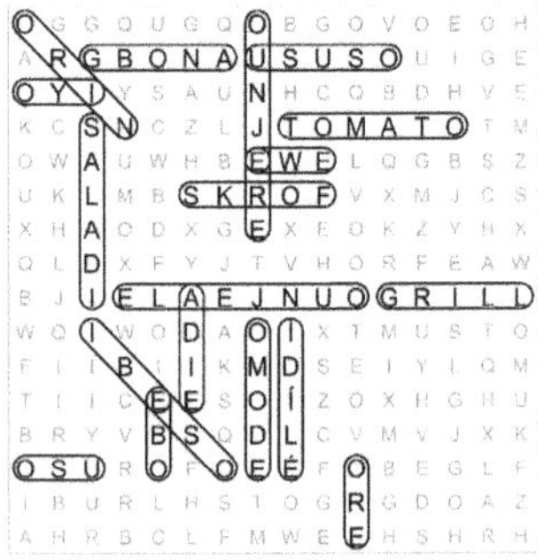

68 - Chocolate

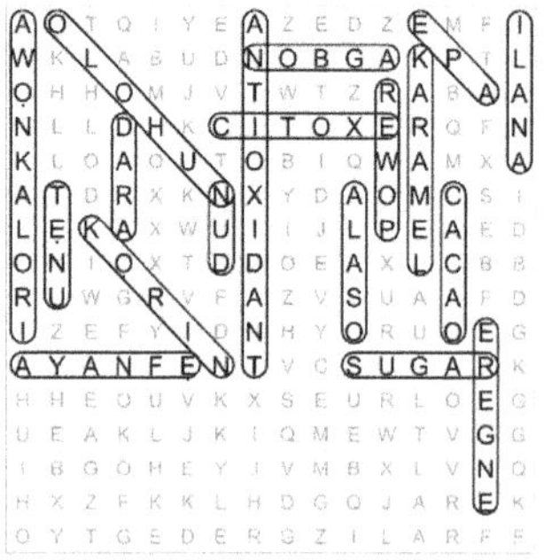

69 - Vegetables

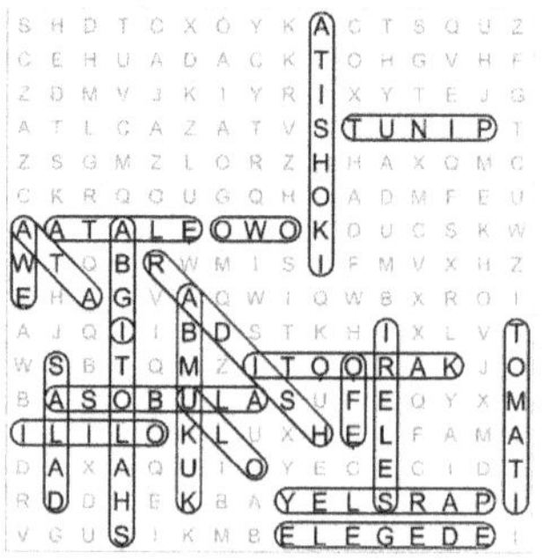

70 - The Media

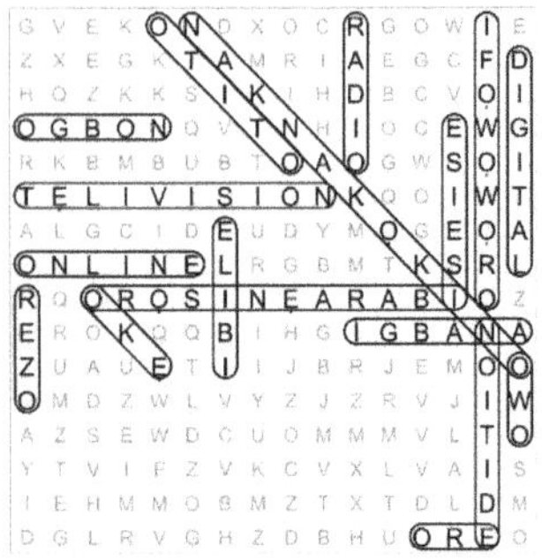

71 - Boats

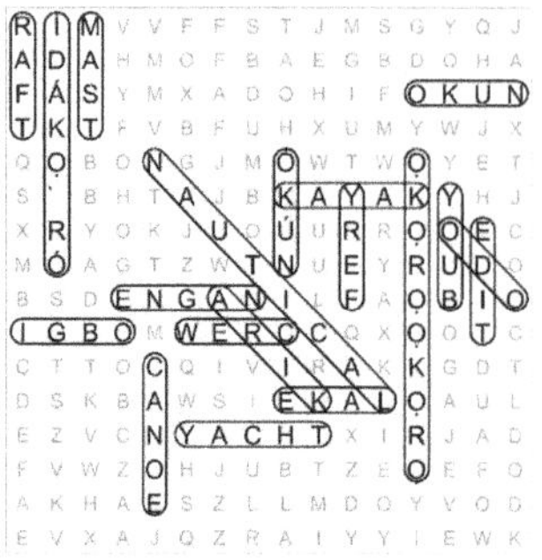

72 - Driving

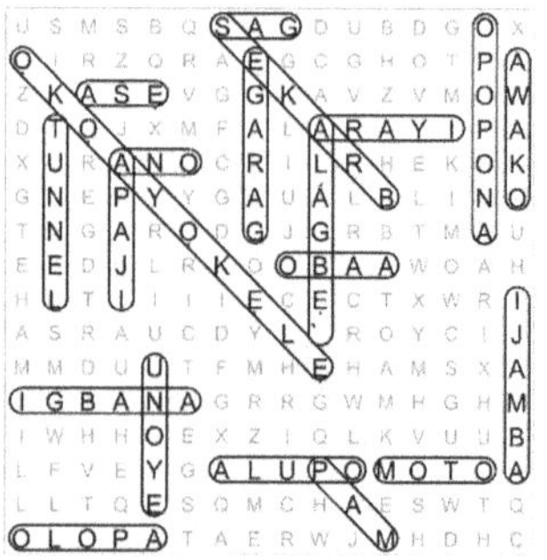

73 - Biology

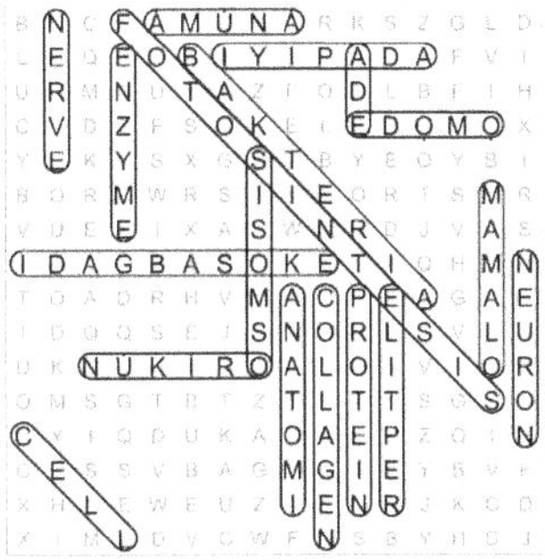

74 - Professions #2

75 - Mythology

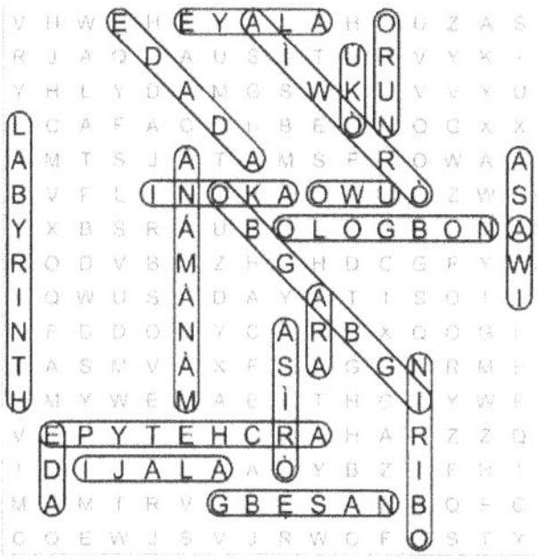

76 - Agronomy

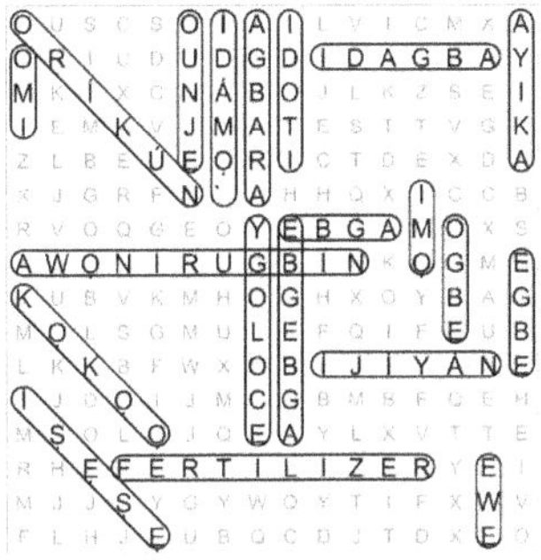

77 - Hair Types

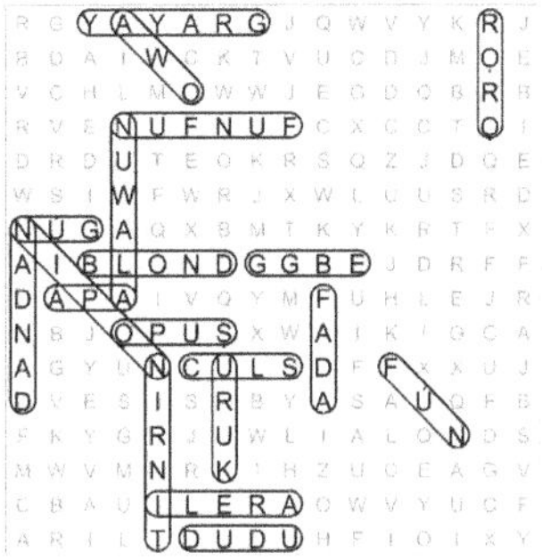

78 - Garden

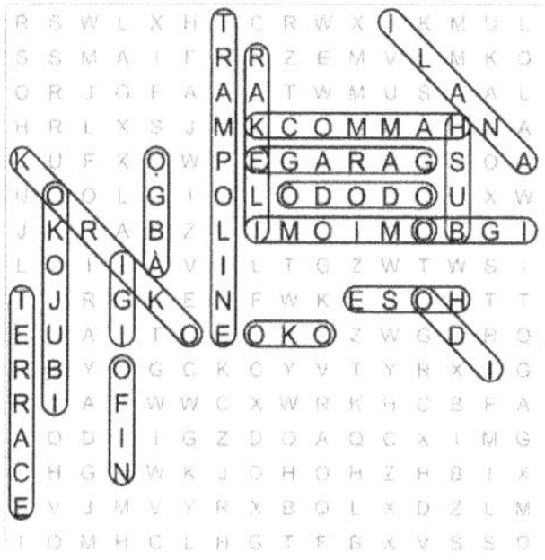

79 - Diplomacy

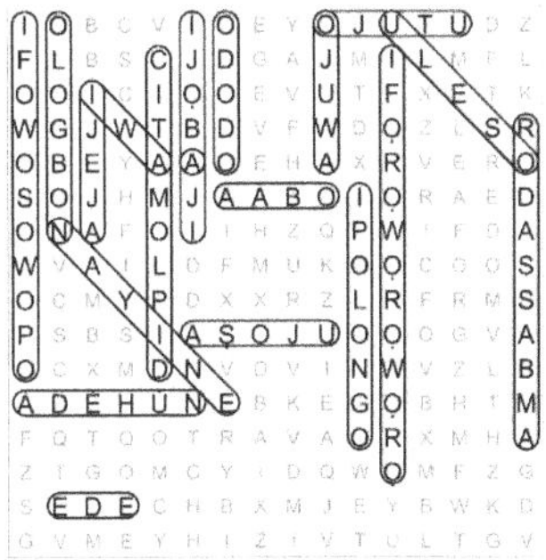

80 - Countries #1

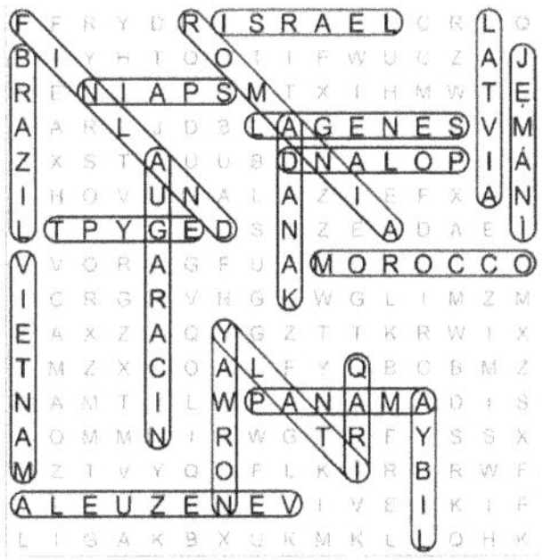

81 - Adjectives #1

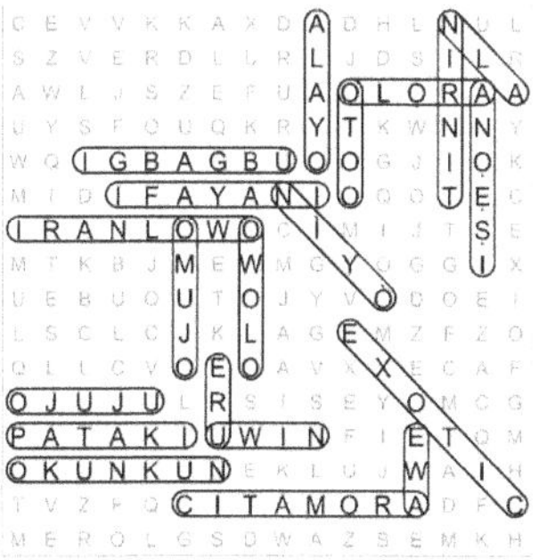

82 - Rainforest

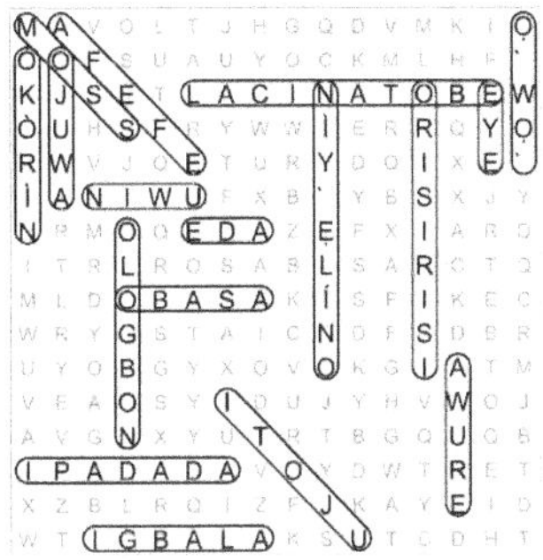

83 - Global Warming

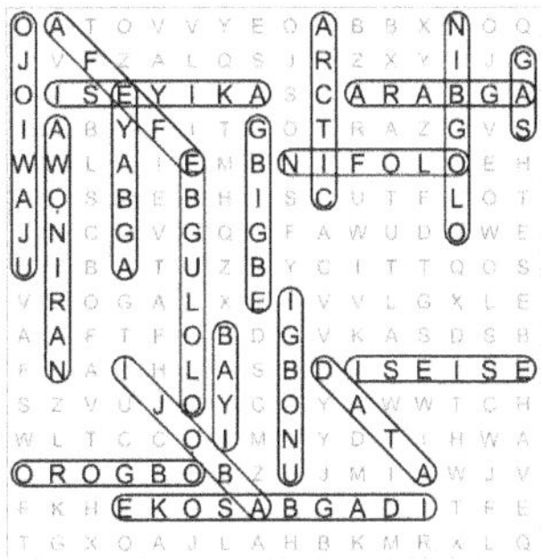

84 - Landscapes

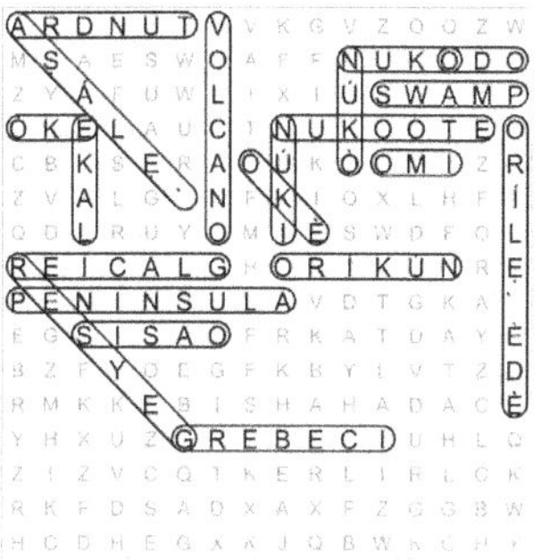

85 - Plants

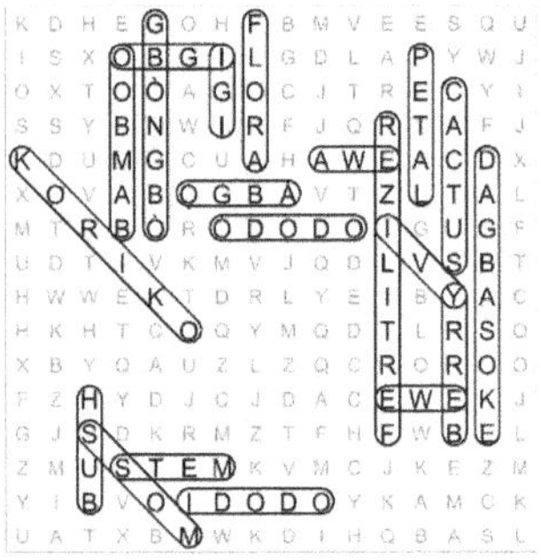

86 - Boxing

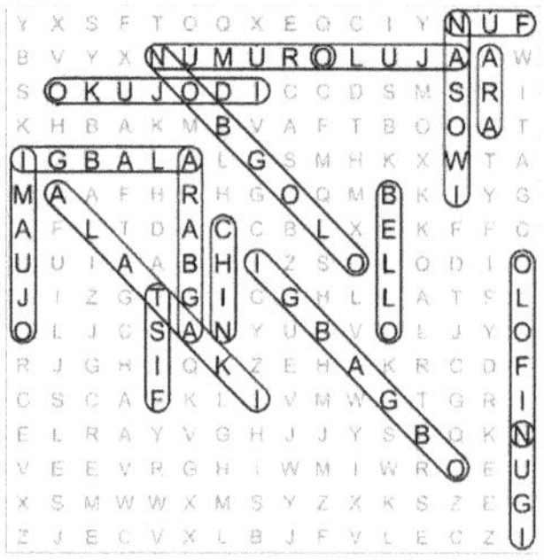

87 - Countries #2

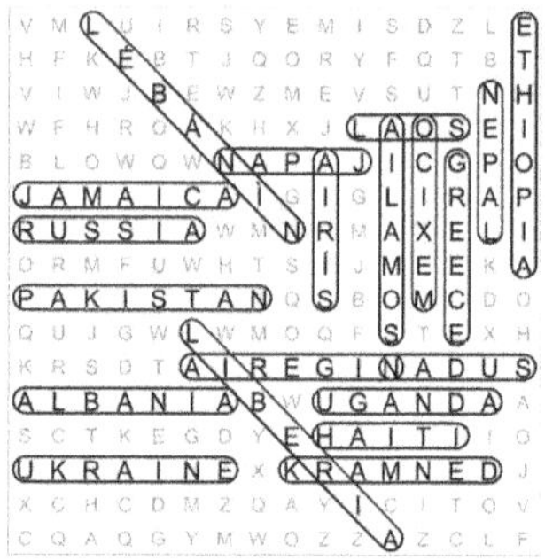

88 - Adjectives #2

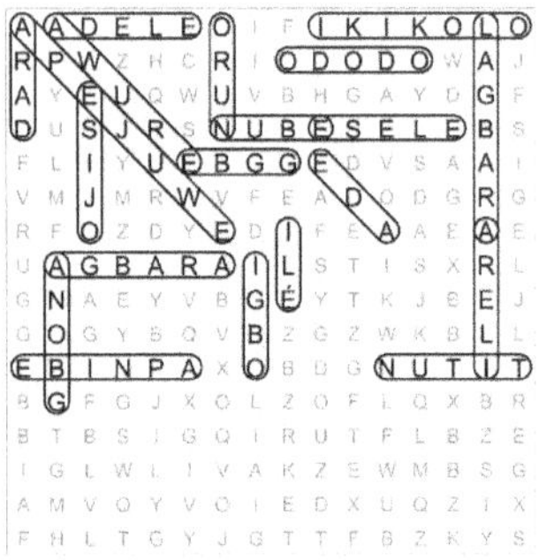

89 - Psychology

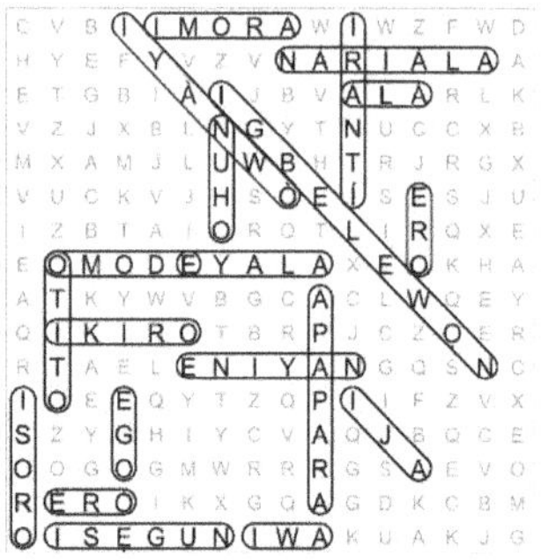

90 - Math

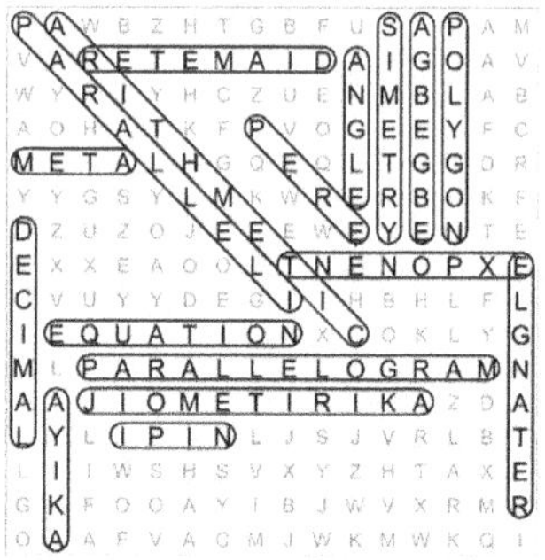

91 - Water

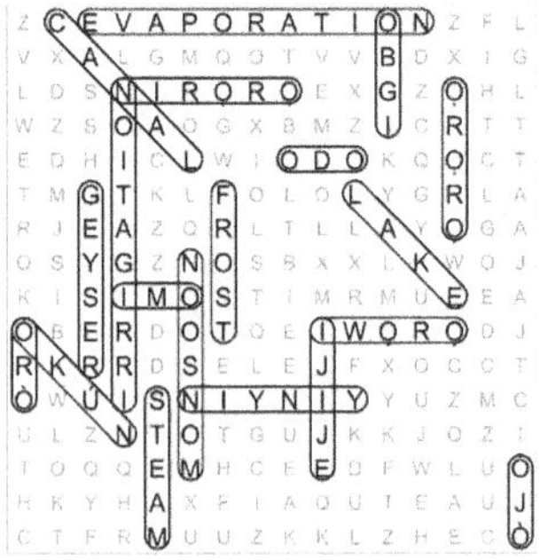

92 - Activities

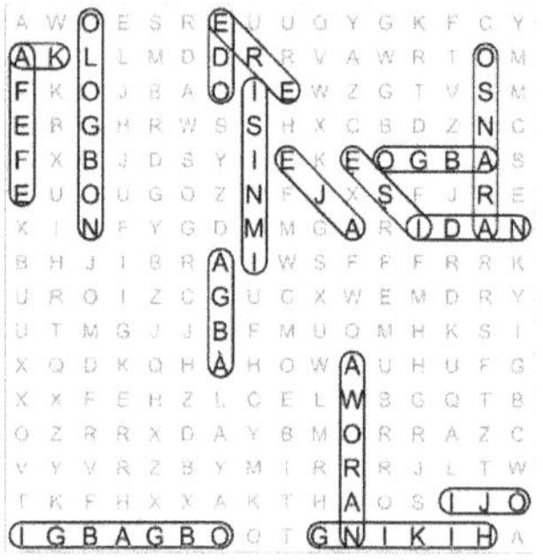

93 - Business

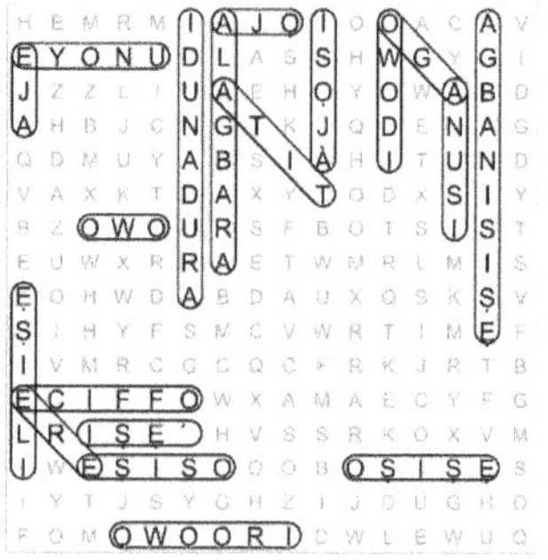

94 - The Company

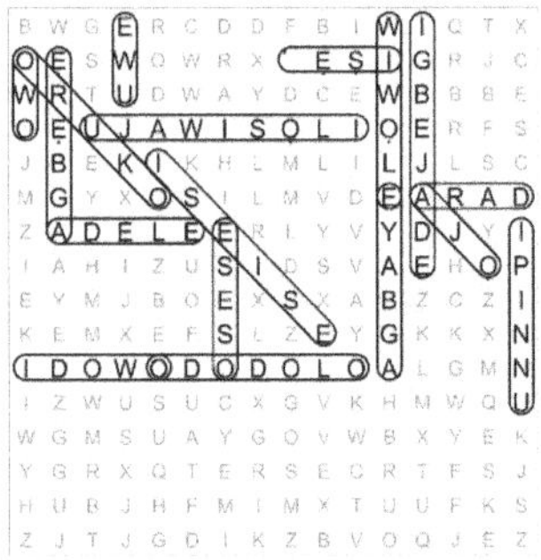

95 - Literature

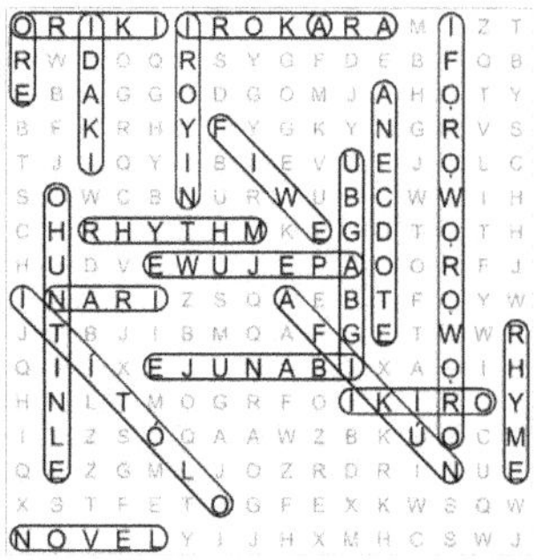

96 - Geography

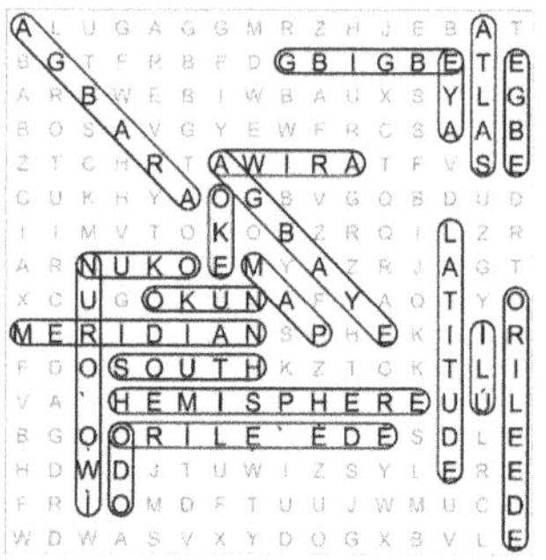

97 - Jazz

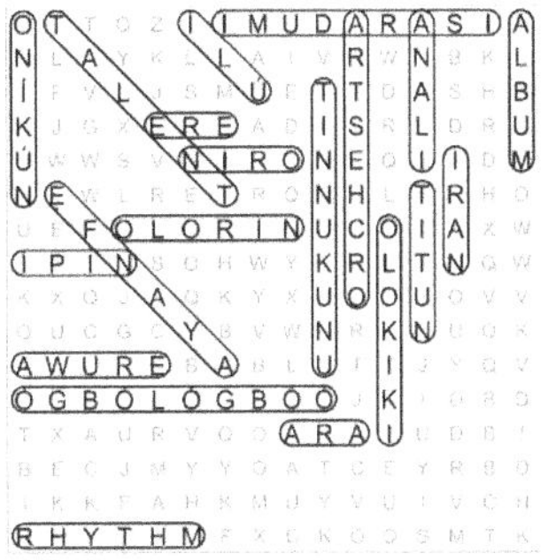

98 - Nature

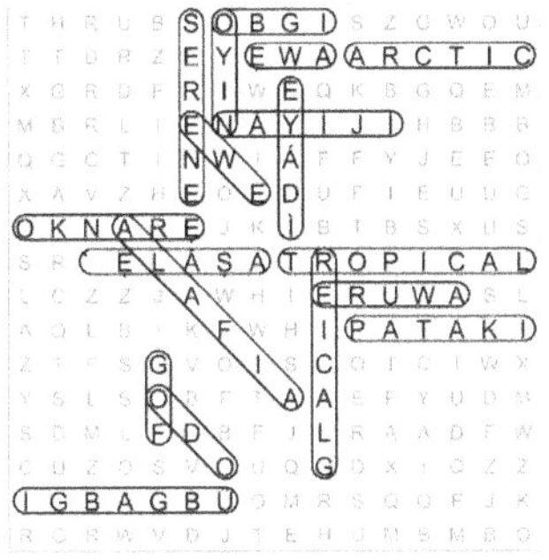

99 - Vacation #2

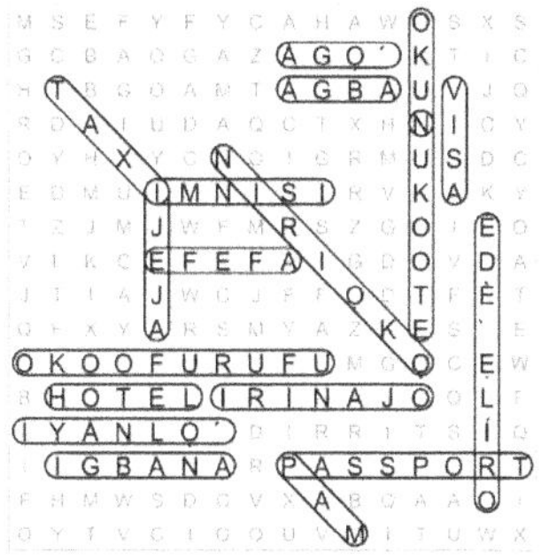

100 - Electricity

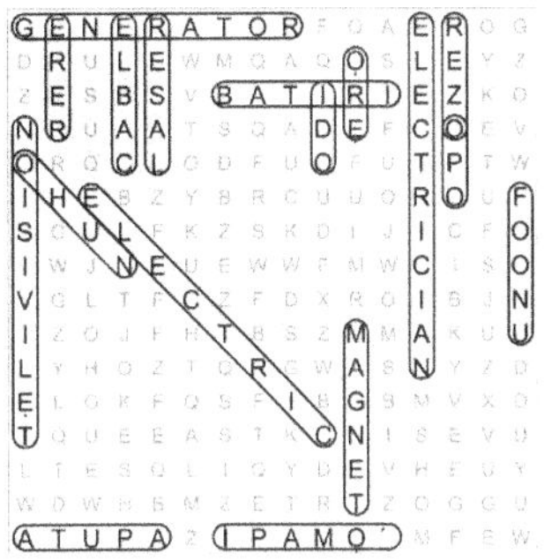

Dictionary

Activities

Awọn iṣẹ Ṣiṣẹ

Activity	Iṣẹ
Art	Aworan
Camping	Àgbà
Dancing	Ijó
Fishing	Eja
Games	Ere
Gardening	Ọgba
Hiking	Hiking
Hunting	Ode
Leisure	Afefe
Magic	Idan
Pleasure	Igbagbo
Reading	Ka
Relaxation	Isinmi
Sewing	Aranso
Skill	Ologbon

Adjectives #1

Adjectives #1

Absolute	Ojumo
Ambitious	Oju-Ju
Aromatic	Aromatic
Artistic	Iṣẹ Ọna
Attractive	Ifayani
Beautiful	Ewa
Dark	Okunkun
Exotic	Exotic
Generous	Olowo
Happy	Alayo
Heavy	Eru
Helpful	Iranlowo
Honest	Ooto
Huge	Nla
Identical	Igbagbü
Important	Pataki
Modern	Òyìn
Slow	O Lọra
Thin	Tinrin
Valuable	Niwu

Adjectives #2

Adjectives #2

Authentic	Ododo
Creative	Eleda
Descriptive	Apejuwe
Dry	Ggbe
Elegant	Dara
Famous	Olokiki
Gifted	Ebun
Healthy	Ilera
Hot	Gbona
Hungry	Ebi n Pa
Interesting	Awure
Natural	Eda
New	Titun
Productive	Elese
Proud	Agbara
Responsible	Ojise
Salty	Ilé
Sleepy	Orun
Strong	Lagbara
Wild	Igbo

Adventure

Ìrìn

Activity	Iṣẹ
Beauty	Ẹwa
Bravery	Ìgbáyàn
Chance	Asesewa
Dangerous	Ewu
Destination	Ìyànlọ́
Difficulty	Ìṣòro
Enthusiasm	Ìtara
Excursion	Excursion
Friends	Ore
Itinerary	Itinery
Joy	Ayo
Nature	Eda
Navigation	Lilo
New	Titun
Opportunity	Anfaani
Preparation	Ìpará
Safety	Aabo
Unusual	Alasepo

Agronomy

Agronomy

Agriculture	Ogbe
Ecology	Ecology
Energy	Agbara
Environment	Ayika
Erosion	Ìjìyàn
Farming	Agbe
Fertilizer	Fertilizer
Food	Ounje
Growth	Idagba
Identification	Ìdámọ̀
Organic	Oríkún
Plants	Egbe
Pollution	Idoti
Production	Ìṣẹṣẹ
Rural	Agbegbe
Science	Imọ
Seeds	Awọn Irugbin
Study	Kọkọọ
Vegetables	Ewe
Water	Omi

Airplanes

Awọn ọkọ Ofurufu

Adventure	Ìwáyìn
Air	Aiye
Altitude	Agbara
Atmosphere	Atmosphere
Balloon	Balloon
Construction	Òkò
Crew	Crew
Descent	Isọkale
Design	Apẹrẹ
Direction	Itoju
Engine	Engan
Fuel	Eyonu
Height	Giga
History	Itan
Hydrogen	Hidrogen
Landing	Ibalẹ
Passenger	Eniyan
Pilot	Pilot
Sky	Sky
Turbulence	Rara

Algebra
Aljebra

Diagram	Aworan Aworan
Equation	Equation
Exponent	Exponent
Factor	Ohun
False	Ero
Formula	Formula
Fraction	Ipin
Graph	Aworan
Infinite	Ailopin
Linear	Ila
Matrix	Matrix
Number	Nọmba
Problem	Isoro
Quantity	Opo
Simplify	Rọrọrun
Solution	Ojutu
Subtraction	Iyokuro
Variable	Ariable
Zero	Zero

Antarctica
Antarctica

Bay	Bay
Birds	Eye
Clouds	Awure
Conservation	Itoju
Continent	Agbaye
Environment	Ayika
Expedition	Irin Ajo
Geography	Aworo
Glaciers	Glaciers
Ice	Yinyin
Islands	Island
Migration	Ịsịṣipo
Minerals	Ilu
Peninsula	Peninsula
Researcher	Oluwadi
Rocky	Rocky
Scientific	Ologbon
Temperature	Igún
Topography	Akiyesi Topo
Water	Omi

Antiques
Antiques

Art	Aworan
Auction	Auction
Authentic	Ododo
Century	Orunmila
Coins	Owo
Decades	Owa
Decorative	Ọṣọ
Furniture	Ifọrọwọwọ
Gallery	Àwòrán
Investment	Idowo
Jewelry	Igbagbü
Old	Ògbólógbòó
Price	Iye
Quality	Dara
Restoration	Ipadada
Sculpture	Ere
Style	Ara
Unusual	Alasepo

Archeology
Archaeology

Analysis	Ohun Tinle
Antiquity	Àgbáyé
Bones	Egungun
Civilization	Ọjọọrọ
Descendant	Desendanti
Era	Era
Evaluation	Igbeyewo
Expert	Ologbon
Forgotten	Agbagbe
Fossil	Fossil
Mystery	Asiri
Objects	Ohun
Relic	Relic
Researcher	Oluwadi
Team	Egbe
Temple	Templi
Tomb	Iboji
Unknown	Àìmọ̀
Years	Ọdun

Astronomy
Aworawo

Asteroid	Asteroid
Astronaut	Astronaut
Astronomer	Awọrọwọrọ
Constellation	Constellation
Cosmos	Cosmos
Earth	Aye
Eclipse	Eclipse
Equinox	Equinox
Galaxy	Galaxy
Meteor	Meteor
Moon	Osusu
Nebula	Nebula
Observatory	Akiyesi
Planet	Planet
Radiation	Radiation
Rocket	Rocket
Satellite	Satẹlaiti
Sky	Sky
Supernova	Supernova
Zodiac	Zodiac

Ballet
Ballet

Applause	Ìpin
Artistic	Iṣẹ Ọna
Audience	Ololufe
Choreography	Àwọn Ọ̀rọ̀
Composer	Oníkún
Dancers	Onijo
Expressive	Kiakia
Gesture	Iṣẹrẹ
Graceful	Oore-Ofe
Intensity	Agbara
Muscles	Isan
Music	Orin
Orchestra	Orchestra
Practice	Ìṣàṣẹ
Rhythm	Rhythm
Skill	Ologbon
Style	Ara
Technique	Ilana

Barbecues

Barbecues

Chicken	Adię
Children	Omode
Dinner	Ounje Ale
Family	Ìdílé
Food	Ounje
Forks	Forks
Friends	Ore
Fruit	Eso
Games	Ere
Grill	Grill
Hot	Gbona
Hunger	Ebi
Knives	Obe
Music	Orin
Salads	Saladi
Salt	Iyọ
Sauce	Osu
Summer	Osusu
Tomatoes	Tomato
Vegetables	Ewe

Bathroom

Yara Iwẹ

Bath	Iwe
Bubbles	Oníkún
Faucet	Faucet
Lotion	Ipara
Mirror	Digi
Perfume	Olofin
Rug	Rug
Scissors	Sissors
Shampoo	Shampoo
Shower	Iwọrọ
Soap	Ọṣẹ
Sponge	Kanrinkan
Steam	Steam
Toilet	Igbinle
Towel	Towel
Water	Omi

Beauty

Ẹwa

Color	Àwò
Cosmetics	Ohun Ikunra
Curls	Culs
Elegance	Igbagbü
Elegant	Dara
Fragrance	Ògún
Grace	Oore-Ofe
Lipstick	Iranti
Makeup	Ifipaju
Mascara	Mascara
Mirror	Digi
Photogenic	Photogenic
Scent	Olofin
Scissors	Sissors
Shampoo	Shampoo
Skin	Ara
Stylist	Stylist

Bees

Oyin

Beneficial	Anfaani
Blossom	Idodo
Diversity	Orisirisi
Ecosystem	Ecosystem
Flowers	Òdòdó
Food	Ounje
Fruit	Eso
Garden	Ọgbà
Habitat	Gbigbe
Hive	Hiv
Honey	Oyin
Insect	Òkòkò
Plants	Egbe
Pollen	Pollen
Pollinator	Pollinator
Queen	Ayaba
Smoke	Sibi
Sun	Sun
Swarm	Swarm
Wax	Wax

Biology

Isedale

Anatomy	Anatomi
Bacteria	Bakteria
Cell	Cell
Chromosome	Kromosome
Collagen	Collagen
Embryo	Ọmọde
Enzyme	Enzyme
Evolution	Idagbasoke
Hormone	Oríkún
Mammal	Mamalọ
Mutation	Iyipada
Natural	Eda
Nerve	Nerve
Neuron	Neuron
Osmosis	Osmosis
Photosynthesis	Fotosintesis
Protein	Protein
Reptile	Reptile
Symbiosis	Àmúnà
Synapse	Asopọmọra

Birds

Awọn Ẹyẹ

Canary	Kanary
Chicken	Adię
Crow	Kowo
Cuckoo	Cuckoo
Dove	Eyele
Duck	Egbeta
Eagle	Idì
Egg	Ẹyin
Flamingo	Flamingo
Goose	Goose
Heron	Heron
Ostrich	Ostrich
Parrot	Parot
Peacock	Peacock
Pelican	Pelican
Penguin	Penguin
Sparrow	Ologoṣẹ
Stork	Stork
Swan	Swan
Toucan	Toucan

Boats

Awọn ọkọ oju Omi

Anchor	Ìdákọ̀ró
Buoy	Buoy
Canoe	Canoe
Crew	Crew
Engine	Engan
Ferry	Fery
Kayak	Kayak
Lake	Lake
Mast	Mast
Nautical	Nautical
Ocean	Òkún
Raft	Raft
River	Odo
Rope	Kira
Sailboat	Ọkọrọ Ọkọrọ
Sea	Okun
Tide	Tide
Waves	Igbo
Yacht	Yacht

Books

Awọn iwe Ohun

Adventure	Ìwáyìn
Author	Oríkì
Collection	Igbagbọ
Context	Oro
Duality	Alagbeka
Epic	Epic
Historical	Itan
Humorous	Humorous
Inventive	Oṣẹrọ
Literary	Literari
Narrator	Olótítì
Novel	Novel
Page	Oju
Poem	Orin
Poetry	Ewi
Reader	Onka
Relevant	Rẹrẹ
Series	Ijọrọ
Tragic	Àbánú
Written	Kọ

Boxing

Boxing

Bell	Bello
Body	Ara
Chin	Chin
Corner	Igun
Elbow	Igbala
Exhausted	Orúmùn
Fighter	Oluja
Fist	Fist
Focus	Idojukọ
Gloves	Iwosan
Kick	Fún
Opponent	Alataki
Points	Ojuami
Recovery	Igbagbo
Referee	Olofin
Skill	Ologbon
Strength	Agbara

Buildings

Awọn Ile

Apartment	Igbegbe
Barn	Abà
Cabin	Cabin
Castle	Castle
Cinema	Cinema
Embassy	Aṣoju
Factory	Ile-Iṣẹ
Hospital	Ile Iwosan
Hostel	Hostel
Hotel	Hotel
Laboratory	Yàrà
Museum	Ile Ọnọ
Observatory	Akiyesi
School	Ile Iwe
Stadium	Stadium
Supermarket	Ile ọja Nla
Tent	Àgọ́
Theater	Ìtátà
Tower	Igbagbü
University	University

Business

Iṣowo

Boss	Oga
Budget	Isuna
Career	Iṣẹ́
Currency	Owo
Discount	Eyonu
Economics	Aje
Employee	Oṣiṣẹ
Employer	Agbanisiṣẹ
Factory	Ile-Iṣẹ
Investment	Idowo
Manager	Alagbara
Merchandise	Ọja
Money	Owo
Office	Office
Profit	Ere
Sale	Tita
Shop	Ìsọjà
Staff	Osise
Taxes	Owo-Ori
Transaction	Idunadura

Camping

Ipago

Adventure	Ìwáyìn
Animals	Ẹranko
Cabin	Cabin
Canoe	Canoe
Compass	Compass
Fire	Ina
Forest	Igbo
Fun	Fun
Hammock	Hammock
Hat	Ila
Hunting	Ode
Insect	Òkòkò
Lake	Lake
Map	Map
Moon	Osusu
Mountain	Òke
Nature	Eda
Rope	Kira
Tent	Àgọ́
Trees	Igi

Chemistry

Kemistri

Acid	Acid
Alkaline	Alkaline
Atomic	Atomika
Carbon	Kárbon
Catalyst	Awọn Nipa
Chlorine	Chlorine
Electron	Electron
Enzyme	Enzyme
Gas	Gas
Heat	Ògbóná
Hydrogen	Hidrogen
Ion	Ion
Liquid	Omi
Molecule	Moleku
Nuclear	Nuclear
Organic	Oríkún
Oxygen	Oxygen
Salt	Iyọ
Temperature	Igún
Weight	Ìwò

Chocolate

Chocolate

Antioxidant	Antioxidant
Bitter	Kọrin
Cacao	Cacao
Calories	Awọn Kalori
Caramel	Karamel
Coconut	Agbon
Delicious	Olohun
Exotic	Exotic
Favorite	Ayanfẹ
Flavor	Alaso
Ingredient	Engere
Peanuts	Epa
Powder	Power
Quality	Dara
Recipe	Ilana
Sugar	Sugar
Sweet	Dun
Taste	Tẹnu

Clothes

Awọn Aṣọ

Apron	Apron
Belt	Igbagbü
Blouse	Awure
Bracelet	Egba Owo
Dress	Aso
Fashion	Njagun
Gloves	Iwosan
Hat	Ila
Jacket	Jacket
Jeans	Jean
Pajamas	Pajamas
Pants	Pátá
Sandals	Ogun Ifa
Scarf	Scarf
Shirt	Seeti
Shoe	Bata
Skirt	Skirt
Socks	Àwòrò
Sweater	Seater

Countries #1

Awọn Orilẹ-ede #1

Brazil	Brazil
Canada	Kanada
Egypt	Egypt
Finland	Finland
Germany	Jẹmánì
Iraq	Iraq
Israel	Israel
Italy	Italy
Latvia	Latvia
Libya	Libya
Morocco	Morocco
Nicaragua	Nicaragua
Norway	Norway
Panama	Panama
Poland	Poland
Romania	Romania
Senegal	Senegal
Spain	Spain
Venezuela	Venezuela
Vietnam	Vietnam

Countries #2

Awọn Orilẹ-ede #2

Albania	Albania
Denmark	Denmark
Ethiopia	Ethiopia
Greece	Greece
Haiti	Haiti
Jamaica	Jamaica
Japan	Japan
Laos	Laos
Lebanon	Lébánìn
Liberia	Liberia
Mexico	Mexico
Nepal	Nepal
Nigeria	Nigeria
Pakistan	Pakistan
Russia	Russia
Somalia	Somalia
Sudan	Sudan
Syria	Síria
Uganda	Uganda
Ukraine	Ukraine

Dance

Ijó

Academy	Akiyesi
Art	Aworan
Body	Ara
Choreography	Àwọn Ọrọ̀rò
Classical	Kasasika
Culture	Asa
Emotion	Imora
Expressive	Kiakia
Grace	Oore-Ofe
Joyful	Alayo
Movement	Igbeka
Music	Orin
Partner	Alágbẹni
Posture	Ipinle
Rehearsal	Iṣẹrẹ
Rhythm	Rhythm
Traditional	Ibile
Visual	Oju

Days and Months

Awọn ọjọ ati Awọn Oṣu

April	Kẹrin
August	Osu Kẹjọ
Calendar	Kalẹnda
February	February
Friday	Ojo Jiji
January	Okunrin
July	July
March	March
Monday	Ojo Aje
Month	Osu
November	Nomba
October	October
Saturday	Ojo Sabati
September	Osu Ksan
Sunday	Sunday
Thursday	Ojobo
Tuesday	Tuesday
Wednesday	Ojo Wede
Week	Ose
Year	Odun

Diplomacy

Diplomacy

Adviser	Ologbon
Ambassador	Ambassador
Campaigns	Ipolongo
Community	Awujo
Conflict	Ija
Cooperation	Ifowosowopo
Diplomatic	Diplomatic
Discussion	Ifọrọwọrọwọrọ
Embassy	Aṣoju
Ethics	Iwa
Foreign	Ajeji
Government	Ìjọba
Humanitarian	Eniyan
Integrity	Ododo
Languages	Ede
Politics	Oselu
Security	Aabo
Solution	Ojutu
Treaty	Àdéhùn

Disease

Aisan

Abdominal	Inu
Allergies	Ẹrò
Body	Ara
Bones	Egungun
Chronic	Àlànà
Contagious	Tó leè Ranni
Genetic	Jini
Health	Ilera
Heart	Okan
Hereditary	Ajogunba
Immunity	Àìjìnà
Inflammation	Igbagbü
Lumbar	Lumbar
Neuropathy	Àwọn Ẹmọ̀ràn
Pulmonary	Ẹdọ̀fóró
Respiratory	Agbaye
Syndrome	Syndrome
Therapy	Arapapa
Weak	Alailagbara
Wellness	Alafia

Driving

Wiwakọ

Brakes	Brakes
Danger	Ijamba
Driver	Awako
Fuel	Eyonu
Garage	Garage
Gas	Gas
License	Ašẹ
Map	Map
Motor	Moto
Motorcycle	Alupo
Pedestrian	Alágbè
Police	Olopa
Road	Ona
Safety	Aabo
Speed	Iyara
Street	Opopona
Traffic	Ijapa
Transportation	Igbana
Truck	Ọkọ Ayọkẹlẹ
Tunnel	Tunnel

Electricity

Itanna

Battery	Batiri
Cable	Cable
Electric	Electric
Electrician	Electrician
Equipment	Ẹrọ
Generator	Generator
Lamp	Atupa
Laser	Laser
Magnet	Magnet
Negative	Odi
Network	Rezo
Objects	Ohun
Positive	Rere
Quantity	Opo
Storage	Ìpamọ́
Telephone	Foonu
Television	Tẹlivision

Energy

Agbara

Battery	Batiri
Carbon	Kárbon
Diesel	Diesel
Electric	Electric
Electron	Electron
Engine	Engan
Entropy	Entropy
Environment	Ayika
Fuel	Eyonu
Gasoline	Petolu
Heat	Ògbóná
Hydrogen	Hidrogen
Industry	Ise-Ise
Motor	Moto
Nuclear	Nuclear
Photon	Foto
Pollution	Idoti
Steam	Steam
Turbine	Turbine
Wind	Aseje

Engineering
Imọ-Ẹrọ

Angle	Igun
Axis	Axis
Calculation	Iṣiro
Construction	Òkò
Depth	Ijinle
Diagram	Aworan Aworan
Diameter	Diameter
Diesel	Diesel
Distribution	Pipin
Energy	Agbara
Engine	Engan
Friction	Ifá
Gears	Jiar
Liquid	Omi
Machine	Ẹrọ
Measurement	Odiwọn
Motor	Moto
Propulsion	Iṣẹrẹ
Stability	Iduroṣinṣin
Structure	Orile

Ethics
Ethics

Altruism	Altruism
Compassion	Aanu
Cooperation	Ifowosowopo
Dignity	Iyì
Diplomatic	Diplomatic
Humanity	Eniyan
Individualism	Onigbagbo
Integrity	Ododo
Kindness	Oore
Optimism	Optimism
Patience	Suuru
Philosophy	Ìgbàgbà
Rationality	Ohun
Realism	Ododo
Reasonable	Olohun
Respectful	Ọwọ̀
Tolerance	Ifarada
Values	Iye
Wisdom	Ogbon

Family
Idile

Ancestor	Bàbá
Aunt	Aunt
Brother	Arakunrin
Childhood	Omode
Cousin	Obìnrin
Daughter	Omobinrin
Grandfather	Baba Baba
Grandson	Omo Olodumare
Husband	Oko
Maternal	Omo Obi
Mother	Ìyá
Nephew	Omo Arakunrin
Niece	Ọmọde
Paternal	Baba
Sister	Arabinrin
Twins	Ibeji
Uncle	Àgbàgbà
Wife	Iyawo

Farm #1
Oko #1

Agriculture	Ogbe
Bee	Bee
Bison	Bison
Calf	Kalfun
Cat	Nla
Chicken	Adiẹ
Cow	Malu
Crow	Kowo
Dog	Aja
Donkey	Kẹkẹtẹ
Fence	Odi
Fertilizer	Fertilizer
Field	Oko
Goat	Ewure
Hay	Hay
Honey	Oyin
Horse	Ẹṣin
Rice	Rice
Seeds	Awọn Irugbin
Water	Omi

Farm #2
Oko #2

Animals	Ẹranko
Barley	Barley
Barn	Abà
Beehive	Eyin
Corn	Agbado
Duck	Egbeta
Farmer	Ologbo
Food	Ounje
Fruit	Eso
Irrigation	Ìròyìn
Lamb	Ọdọ Aguntan
Llama	Llama
Meadow	Meadow
Milk	Wara
Orchard	Orchard
Sheep	Agutan
Tractor	Tractor
Vegetable	Ewe
Wheat	Ohun
Windmill	Windamill

Fishing
Ipeja

Bait	Bait
Basket	Agbon
Beach	Eto-Okun
Boat	Okunrin
Cook	Ṣẹṣe
Equipment	Ẹrọ
Exaggeration	Àsọdùn
Gills	Gills
Hook	Ìkò
Jaw	Aba
Lake	Lake
Ocean	Òkún
Patience	Suuru
River	Odo
Season	Asiko
Water	Omi
Weight	Ìwò

Food #1
Ounje #1

Barley	Barley
Basil	Basili
Cake	Akara Oyinbo
Carrot	Karọọti
Cinnamon	Kinnamon
Garlic	Ata
Juice	Oje
Lemon	Lẹmọnu
Milk	Wara
Onion	Alubosa
Peanut	Epa
Pear	Eso Pia
Salad	Salad
Salt	Iyọ
Soup	Obi
Spinach	Owo
Sugar	Sugar
Tofu	Tofu
Tuna	Tuna
Turnip	Tunip

Food #2
Ounje #2

Apple	Apu
Artichoke	Atishoki
Banana	Ogede
Broccoli	Ẹfọ
Celery	Seleri
Cheese	Waranka
Cherry	Ṣẹẹri
Chicken	Adiẹ
Chocolate	Chocolate
Egg	Ẹyin
Eggplant	Igba
Fish	Eja
Grape	Àjárà
Ham	Ham
Kiwi	Kiwi
Mushroom	Olu
Rice	Rice
Tomato	Tomati
Wheat	Ohun
Yogurt	Yogurt

Force and Gravity
Agbara ati Walẹ

Axis	Axis
Center	Aarin
Discovery	Awari
Distance	Jijiran
Dynamic	Ìdáyé
Expansion	Imugboroosi
Friction	Ifá
Magnetism	Magnetism
Mechanics	Awọn Ẹrọ
Motion	Iṣẹrẹ
Orbit	Orbit
Physics	Ara
Pressure	Irosun
Properties	Oníní
Speed	Iyara
Time	Aago
Universal	Universal
Weight	Ìwò

Fruit
Eso

Apple	Apu
Avocado	Piha Oyinbo
Banana	Ogede
Berry	Berry
Cherry	Ṣẹẹri
Coconut	Agbon
Fig	Eeya
Grape	Àjárà
Guava	Guava
Kiwi	Kiwi
Lemon	Lẹmọnu
Mango	Mango
Melon	Melon
Nectarine	Nectarine
Orange	Ọsan
Papaya	Papaya
Peach	Eso Pishi
Pear	Eso Pia
Pineapple	Ope Oyinbo
Raspberry	Rasipibẹri

Garden
Ọgba

Bench	Ibujoko
Bush	Bush
Fence	Odi
Flower	Òdodo
Garage	Garage
Garden	Ọgbà
Grass	Koriko
Hammock	Hammock
Hose	Hose
Lawn	Ofin
Pond	Omi Omi
Porch	Ilana
Rake	Rake
Shovel	Oko
Soil	Ile
Terrace	Terrace
Trampoline	Trampoline
Tree	Igi
Weeds	Igbo

Gardening
Ogba

Blossom	Idodo
Botanical	Ebotanical
Bouquet	Bouquet
Climate	Afefe
Compost	Compost
Container	Epo
Dirt	Déti
Edible	Jepe
Exotic	Exotic
Floral	Olodo
Foliage	Ewe
Hose	Hose
Moisture	Ọrọrin
Orchard	Orchard
Seasonal	Asise
Seeds	Awọn Irugbin
Soil	Ile
Water	Omi

Geography

Geography

Altitude	Agbara
Atlas	Atlas
City	Ìlú
Continent	Agbaye
Country	Orile-Ede
Elevation	Gbigbe
Hemisphere	Hemisphere
Island	Orílẹ̀-Èdè
Latitude	Latitude
Map	Map
Meridian	Meridian
Mountain	Òke
North	Àriwa
Ocean	Òkún
Region	Egbe
River	Odo
Sea	Okun
South	South
West	Ìwọ̀ Orun
World	Aye

Geology

Geology

Acid	Acid
Calcium	Kalisiomu
Cavern	Cavern
Continent	Agbaye
Coral	Koral
Crystals	Kristaal
Cycles	Àyókò
Earthquake	Ìgbìyàn
Erosion	Ìjìyàn
Fossil	Fossil
Geyser	Geyser
Lava	Lava
Layer	Laye
Minerals	Ilu
Plateau	Plateau
Quartz	Quartz
Salt	Iyọ
Stalactite	Stalactite
Stone	Okuta
Volcano	Volcano

Geometry

Geometry

Angle	Igun
Calculation	Iṣiro
Circle	Agbaye
Curve	Ikún
Diameter	Diameter
Dimension	Dimension
Equation	Equation
Height	Giga
Horizontal	Porizontal
Logic	Láìwò
Mass	Mass
Median	Agbáden
Number	Nọmba
Parallel	Paralleli
Proportion	Ipin
Surface	Onile
Symmetry	Simetry
Theory	Oro
Triangle	Meta
Vertical	Inoro

Global Warming

Afikun Aropin Iwọn Gbigb

Arctic	Arctic
Attention	Akiyesi
Climate	Afefe
Crisis	Orogbo
Data	Data
Development	Idagbasoke
Energy	Agbara
Future	Ojo Iwaju
Gas	Gas
Generations	Awọn Iran
Government	Ìjọba
Habitats	Gbigbe
Industry	Ise-Ise
International	Agbaye
Legislation	Olofin
Now	Bayi
Populations	Ololugbe
Scientist	Ologbin
Temperatures	Igbonu

Government

Ijoba

Citizenship	Onilu
Civil	Ilana
Constitution	Olofin
Democracy	Ìdájọ́ọ̀rọ̀
Discussion	Ifọrọwọrọwọrọ
Equality	Idododo
Judicial	Idajo
Justice	Ododo
Law	Ofin
Leader	Olori
Liberty	Ominira
Monument	Monument
Nation	Orílẹ̀-Èdè
National	Orilẹ-Ede
Peaceful	Alafia
Politics	Oselu
Speech	Oro
State	Ipinle
Symbol	Ami

Hair Types

Awọn Orişi Irun

Bald	Apá
Black	Dudu
Blond	Blond
Braided	Fún
Brown	Alawun
Colored	Awo
Curls	Culs
Curly	Ṣupọ
Dry	Ggbe
Gray	Grayay
Healthy	Ilera
Long	Gún
Shiny	Dandan
Short	Kuru
Silver	Fada
Soft	Rọrọ
Thick	Nipọn
Thin	Tinrin
White	Funfun

Health and Wellness #1

Ilera ati Nini Alafia #1

Active	Osise
Bacteria	Bakteria
Bones	Egungun
Clinic	Clinic
Doctor	Dókítà
Fracture	Ifa
Habit	Àgbà
Height	Giga
Hormones	Awon Hormones
Hunger	Ebi
Injury	Epa
Medicine	Ogun
Muscles	Isan
Pharmacy	Ile Elegbogi
Posture	Ipinle
Reflex	Reflex
Relaxation	Isinmi
Skin	Ara
Therapy	Arapapa
Treatment	Itoju

Health and Wellness #2

Ilera ati Nini Alafia #2

Allergy	Alara
Anatomy	Anatomi
Appetite	Eniyan
Blood	Eje
Calorie	Kalori
Dehydration	Ògún
Diet	Ounje
Disease	Aisan
Energy	Agbara
Genetics	Jini
Healthy	Ilera
Hospital	Ile Iwosan
Hygiene	Ìmọ́tótó
Infection	Ikọrọ
Massage	Ifọwọra
Mood	Ịṣesisi
Recovery	Igbagbo
Stress	Wara
Vitamin	Vitamin
Weight	Ìwò

Herbalism

Herbalism

Aromatic	Aromatic
Basil	Basili
Beneficial	Anfaani
Culinary	Ijeunje
Fennel	Fennel
Flavor	Alaso
Flower	Òdodo
Garden	Ọgbà
Garlic	Ata
Green	Alawọ Ewe
Ingredient	Engere
Lavender	Lavender
Marjoram	Marjoram
Mint	Mint
Oregano	Oregano
Parsley	Parsley
Plant	Ọgbin
Rosemary	Rosemary
Saffron	Saffron
Tarragon	Tarragon

Hiking

Irin-Ajo

Animals	Ẹranko
Boots	Bòtò
Camping	Àgbà
Climate	Afefe
Heavy	Eru
Map	Map
Mountain	Òke
Nature	Eda
Orientation	Orientation
Parks	Parks
Preparation	Ìpará
Stones	Okuta
Sun	Sun
Tired	Aránú
Water	Omi
Weather	Ojo
Wild	Igbo

House

Ile

Attic	Attic
Basement	Ipilẹ
Broom	Iyawo
Curtains	Awure
Door	Ilekun
Fireplace	Ibi Ina
Floor	Ile
Furniture	Ifọrọwọwọ
Garage	Garage
Garden	Ọgbà
Keys	Awọn Bọtini
Kitchen	Ile Idana
Lamp	Atupa
Library	Iwe Iwe
Mirror	Digi
Roof	Orule
Room	Yara
Shower	Iwọrọ
Wall	Odi
Window	Ferese

Human Body

Ara Eniyan

Ankle	Kokosẹ
Blood	Eje
Bones	Egungun
Brain	Ogbon
Chin	Chin
Ear	Eti
Elbow	Igbala
Face	Oju
Finger	Ìka
Hand	Ọwọ
Head	Ori
Heart	Okan
Jaw	Aba
Knee	Orunkun
Leg	Ese
Mouth	Enu
Neck	Orun
Nose	Imú
Shoulder	Ejika
Skin	Ara

Insects
Kokoro

Ant	Ant
Aphid	Aphid
Bee	Bee
Beetle	Beetle
Butterfly	Labalaba
Cicada	Cicada
Cockroach	Àkùkọ
Dragonfly	Dragonfly
Flea	Flea
Grasshopper	Grasshopper
Ladybug	Ladybug
Larva	Larva
Locust	Eṣú
Mantis	Mantis
Mosquito	Mosquito
Termite	Termite
Wasp	Wasp
Worm	Ijọ

Jazz
Jazz

Album	Album
Applause	Ìpin
Artist	Olorin
Composer	Oníkún
Composition	Awure
Concert	Ere
Drums	Ìlú
Emphasis	Tinnukunu
Famous	Olokiki
Favorites	Ayanfẹ
Genre	Iran
Improvisation	Imudarasi
New	Titun
Old	Ògbólógbòó
Orchestra	Orchestra
Rhythm	Rhythm
Song	Orin
Style	Ara
Talent	Talent
Technique	Ilana

Job Skills
Awọn Ogbon Iṣẹ

Adaptable	Agbagbọ
Attentive	Fiiran
Authentic	Ododo
Charismatic	Carasmatic
Communication	Ibaraẹnisọrọ
Cooperative	Ifọrọwọwọrọ
Creative	Eleda
Dedicated	Ifọrọwọrọ
Effective	Dodo
Experienced	Rírí
Friendly	Ore
Independent	Ominira
Leadership	Olórí
Management	Ìṣàkóso
Prepared	Patapata
Respectful	Ọwọ̀
Responsible	Ojise

Landscapes
Awọn oju Ilẹ

Beach	Eto-Okun
Cave	Ikún
Desert	Aṣálẹ̀
Geyser	Geyser
Glacier	Glacier
Hill	Òkè
Iceberg	Iceberg
Island	Orílẹ̀-Èdè
Lake	Lake
Mountain	Òke
Oasis	Oasis
Ocean	Òkún
Peninsula	Peninsula
River	Odo
Sea	Okun
Swamp	Swamp
Tundra	Tundra
Valley	Oríkún
Volcano	Volcano
Waterfall	Omi

Literature
Litireso

Analysis	Ohun Tinle
Anecdote	Anecdote
Biography	Igbagbü
Comparison	Fiwe
Conclusion	Ikadi
Description	Apejuwe
Dialogue	Ifọrọwọrọwọrọ
Fiction	Iroyin
Genre	Iran
Metaphor	Àfikún
Narrator	Olótítì
Novel	Novel
Opinion	Ero
Poem	Oriki
Poetic	Oríkì
Rhyme	Rhyme
Rhythm	Rhythm
Style	Ara
Theme	Akori
Tragedy	Ibanuje

Mammals
Awọn Ẹran-Ọsin

Bear	Bear
Beaver	Beaver
Bull	Málàá
Cat	Nla
Coyote	Coyote
Dog	Aja
Dolphin	Dolphin
Elephant	Erin
Fox	Akata
Giraffe	Giraffe
Gorilla	Gorilla
Horse	Ẹṣin
Kangaroo	Kangaroo
Lion	Kìnùn
Monkey	Obo
Rabbit	Ehoro
Sheep	Agutan
Whale	Whale
Wolf	Ìkookò
Zebra	Zebra

Math
Isiro

Angles	Angle
Arithmetic	Arithmetic
Circumference	Ayika
Decimal	Decimal
Diameter	Diameter
Equation	Equation
Exponent	Exponent
Fraction	Ipin
Geometry	Jiometirika
Parallel	Paralleli
Parallelogram	Parallelogram
Perimeter	Agbegbe
Perpendicular	Pẹrẹ
Polygon	Polygon
Rectangle	Retangle
Symmetry	Simetry
Triangle	Meta

Measurements
Iwọn

Byte	Byte
Centimeter	Ọgbẹnjẹ
Decimal	Decimal
Degree	Ikẹni
Depth	Ijinle
Gram	Gram
Height	Giga
Inch	Inch
Kilogram	Kilogram
Kilometer	Kilomiter
Length	Agbo
Liter	Liter
Mass	Mass
Meter	Meter
Minute	Iseju
Ounce	Ounce
Ton	Ton
Weight	Ìwò
Width	Fún

Meditation
Iṣaro

Acceptance	Igbagbọ
Awake	Ji
Breathing	Mimi
Calm	Tututu
Clarity	Itoju
Compassion	Aanu
Emotions	Imora
Gratitude	Ọpẹ́
Habits	Iṣẹ́
Happiness	Ayo
Kindness	Oore
Mental	Opolo
Mind	Okan
Movement	Igbeka
Music	Orin
Nature	Eda
Peace	Alafia
Perspective	Irisi
Silence	Ipalọlọ
Thoughts	Ero

Music
Orin

Album	Album
Ballad	Ballad
Chorus	Chorus
Classical	Kasasika
Harmony	Igbagbü
Instrument	Ọrọrọ
Lyrical	Lyrical
Melody	Alada
Microphone	Gbohungbohun
Musical	Orin
Musician	Olorin
Opera	Opera
Poetic	Oríkì
Recording	Gbigbasilẹ
Rhythm	Rhythm
Rhythmic	Rhythmic
Sing	Kọrin
Singer	Akorin
Tempo	Tempo
Vocal	Ohun

Musical Instruments
Awọn Irinṣẹ Orin

Banjo	Banjo
Bassoon	Bassoon
Cello	Cello
Clarinet	Clarinet
Drum	Ìlu
Flute	Fún
Gong	Gong
Guitar	Guitar
Harp	Harp
Mandolin	Mandolin
Marimba	Marimba
Oboe	Oboe
Piano	Piano
Saxophone	Saxophone
Tambourine	Tambourine
Trombone	Tromboone
Trumpet	Trumpet
Violin	Violin

Mythology
Awọn Itan aye Atijọ

Archetype	Archetype
Behavior	Iwa
Beliefs	Igbagbo
Creation	Ẹdada
Creature	Eda
Culture	Asa
Deities	Òrìsà
Disaster	Ijala
Heaven	Orun
Hero	Akoni
Immortality	Àìwòrò
Jealousy	Owu
Labyrinth	Labyrinth
Legend	Àlàyé
Lightning	Mànàmáná
Monster	Obirin
Mortal	Òkú
Revenge	Gbẹsan
Thunder	Ara
Warrior	Ologbon

Nature
Iseda

Animals	Ẹranko
Arctic	Arctic
Beauty	Ẹwa
Bees	Oyin
Clouds	Awure
Desert	Aṣálẹ̀
Dynamic	Ìdáyé
Erosion	Ìjìyàn
Fog	Fog
Foliage	Ewe
Forest	Igbo
Glacier	Glacier
Peaceful	Alafia
River	Odo
Sanctuary	Igbagbü
Serene	Serene
Tropical	Tropical
Vital	Pataki

Numbers
Awọn Nọmba

Decimal	Decimal
Eight	Mejọ
Eighteen	Mejìninlá
Fifteen	Kẹẹẽdógún
Five	Marun
Four	Kẹrin
Fourteen	Kerinla
Nine	Mesan
Nineteen	Òrúnmìlà
One	Ọkan
Seven	Meje
Seventeen	Kejìlá
Six	Mefa
Sixteen	Erindinlogun
Ten	Kẹwàá
Thirteen	Eleketa
Three	Kẹta
Twelve	Ekejila
Twenty	Ògún
Two	Meji

Nutrition
Ounjẹ

Appetite	Eniyan
Balanced	Iwontunwonsi
Bitter	Kọrin
Calories	Awọn Kalori
Carbohydrates	Kárbohydrates
Diet	Ounje
Digestion	Digestion
Edible	Jepe
Fermentation	Ifá
Flavor	Alaso
Habits	Iṣẹ́
Health	Ilera
Liquids	Omi
Proteins	Àwọn Pírétìn
Quality	Dara
Sauce	Osu
Spices	Oríkò
Toxin	Òjòrò
Vitamin	Vitamin
Weight	Ìwò

Ocean
Òkun

Boat	Okunrin
Coral	Koral
Crab	Akan
Dolphin	Dolphin
Eel	Eel
Fish	Eja
Jellyfish	Jellyfish
Oyster	Ògyìn
Reef	Reef
Salt	Iyọ
Seaweed	Òkún
Shark	Eja Shaki
Shrimp	Awọn Ede
Sponge	Kanrinkan
Storm	Iji
Tides	Ìgbàgbà
Tuna	Tuna
Turtle	Turtle
Waves	Igbo
Whale	Whale

Photography
Fọtoyiya

Black	Dudu
Camera	Kamẹra
Color	Àwò
Composition	Awure
Contrast	Ìtànàn
Darkness	Okunkun
Definition	Itumo
Exhibition	Afihan
Format	Fọọrọ
Lighting	Ìyànlẹ̀
Object	Nkankan
Perspective	Irisi
Portrait	Aworan
Shadows	Ojiji
Subject	Koko-Ọrọ
Texture	Asoju
Visual	Oju

Physics
Fisiksi

Acceleration	Itoju
Atom	Atom
Chaos	Ìrántí
Chemical	Kẹkami
Density	Ìwò
Electron	Electron
Engine	Engan
Expansion	Imugboroosi
Formula	Formula
Frequency	Igbagbọ
Gas	Gas
Magnetism	Magnetism
Mass	Mass
Mechanics	Awọn Ẹrọ
Molecule	Moleku
Nuclear	Nuclear
Particle	Particle
Relativity	Ijọrọ
Universal	Universal
Velocity	Iyara

Plants

Awọn Ohun Ọgbin

Bamboo	Bamboo
Bean	Ewa
Berry	Berry
Blossom	Idodo
Bush	Bush
Cactus	Cactus
Fertilizer	Fertilizer
Flora	Flora
Flower	Òdodo
Forest	Igbo
Garden	Ọgbà
Grass	Koriko
Grow	Dagbasoke
Ivy	Ivy
Moss	Moss
Petal	Petal
Root	Gbòngbò
Stem	Stem
Tree	Igi
Vegetation	Ewe

Professions #1

Awọn Iṣẹ-Ṣiṣe #1

Ambassador	Ambassador
Astronomer	Awọrọwọrọ
Attorney	Agbaye
Banker	Onínṣẹ́ Bòkò
Cartographer	Aláǹiyàn
Coach	Olukọni
Dancer	Onijo
Doctor	Dókítà
Editor	Olootu
Geologist	Geologist
Hunter	Ode
Jeweler	Olohun
Musician	Olorin
Nurse	Nọọsi
Pianist	Pianist
Plumber	Plumber
Psychologist	Olofin
Sailor	Òkún
Tailor	Telu
Veterinarian	Ogun Ogbo

Professions #2

Awọn Iṣẹ-Ṣiṣe #2

Astronaut	Astronaut
Biologist	Olofin
Dentist	Dáńítì
Detective	Oṣẹrẹ
Engineer	Enginji
Farmer	Ologbo
Gardener	Ologbon
Illustrator	Alaye
Inventor	Oníṣẹṣẹ
Journalist	Akoroyin
Librarian	Librarian
Linguist	Olódìn
Painter	Oríkì
Philosopher	Ologbon
Photographer	Aworan
Physician	Onisegun
Pilot	Pilot
Researcher	Oluwadi
Teacher	Oluko
Zoologist	Oníkún

Psychology

Psychology

Appointment	Ìyànwò
Assessment	Igbelewọn
Behavior	Iwa
Childhood	Omode
Clinical	Isẹgun
Cognition	Ohun
Conflict	Ija
Dreams	Àlá
Ego	Ego
Emotions	Imora
Ideas	Èrò
Perception	Oriki
Personality	Eniyan
Problem	Isoro
Reality	Otito
Sensation	Ìrántí
Subconscious	Alaye
Therapy	Arapapa
Thoughts	Ero
Unconscious	Aláìràn

Rainforest

Igbo Ojo

Birds	Eye
Botanical	Ebotanical
Climate	Afefe
Clouds	Awure
Community	Awujo
Diversity	Orisirisi
Indigenous	Onílẹ̀yìn
Insects	Òkòrìn
Mammals	Ologbon
Moss	Moss
Nature	Eda
Preservation	Itoju
Refuge	Asabo
Respect	Ọwọ̀
Restoration	Ipadada
Survival	Igbala
Valuable	Niwu

Restaurant #2

Ile Ounjẹ #2

Beverage	Omiran
Cake	Akara Oyinbo
Chair	Agbara
Delicious	Olohun
Dinner	Ounje Ale
Eggs	Ẹyin
Fish	Eja
Fork	Oriki
Fruit	Eso
Ice	Yinyin
Salad	Salad
Salt	Iyọ
Soup	Obi
Spices	Oríkò
Spoon	Sibi
Vegetables	Ewe
Waiter	Oluduro
Water	Omi

Science
Imọ

Atom	Atom
Chemical	Kẹkami
Climate	Afefe
Data	Data
Evolution	Idagbasoke
Experiment	Adanwo
Fact	Otito
Fossil	Fossil
Gravity	Jiji
Hypothesis	Àgbàgbà
Laboratory	Yàrà
Method	Ọnà
Minerals	Ilu
Molecules	Moleku
Nature	Eda
Observation	Akiyesi
Particles	Apa
Physics	Ara
Plants	Egbe
Scientist	Ologbin

Science Fiction
Itan Agbelẹrọ Imọijinlẹ

Atomic	Atomika
Books	Iwe
Chemicals	Kẹmikálì
Cinema	Cinema
Dystopia	Distopia
Explosion	Bugbamu
Extreme	Láìlẹ̀
Fantastic	Fantastic
Fire	Ina
Futuristic	Ojo Iwaju
Galaxy	Galaxy
Illusion	Itan
Imaginary	Alara
Mysterious	Asiri
Oracle	Oracle
Planet	Planet
Robots	Robots
Technology	Imọ-Ẹrọ
Utopia	Utopia
World	Aye

Scientific Disciplines
Awọn Ilana Imọ-Jinlẹ

Anatomy	Anatomi
Archaeology	Archeology
Astronomy	Irawo
Biochemistry	Biochemistry
Biology	Isinmi
Botany	Ewe
Chemistry	Kemistri
Ecology	Ecology
Geology	Geology
Immunology	Ajẹ Ajẹ
Kinesiology	Kinesiology
Linguistics	Oro Ede
Mechanics	Awọn Ẹrọ
Meteorology	Oju oju Aye
Mineralogy	Ilu Ilu
Neurology	Ẹrọọrọnọrọ
Physiology	Ara
Psychology	Ẹrọ̀ Ìrántí
Sociology	Sociology
Zoology	Ebo

Shapes
Awọn Apẹrẹ

Arc	Arc
Circle	Agbaye
Cone	Konu
Corner	Igun
Cube	Cube
Curve	Ikún
Cylinder	Silinda
Ellipse	Ellipse
Hyperbola	Hyperbola
Line	Ila
Oval	Oval
Polygon	Polygon
Prism	Prism
Pyramid	Pyramid
Rectangle	Retangle
Side	Egbe
Triangle	Meta

Spices
Awọn Turari

Anise	Anise
Bitter	Kọrin
Cardamom	Cardamom
Cinnamon	Kinnamon
Coriander	Koriander
Cumin	Cumin
Curry	Kurari
Fennel	Fennel
Fenugreek	Fengreek
Flavor	Alaso
Garlic	Ata
Ginger	Atalẹ
Licorice	Licorice
Nutmeg	Nutmeg
Onion	Alubosa
Paprika	Paprika
Saffron	Saffron
Salt	Iyọ
Sweet	Dun
Vanilla	Vanilla

The Company
Ile-iṣẹ Naa

Business	Owo
Creative	Eleda
Decision	Ipinnu
Employment	Iṣẹ́
Global	Agbaye
Industry	Ise-Ise
Innovative	Olododo
Investment	Idowo
Possibility	Osese
Presentation	Igbejade
Product	Ọja
Professional	Agbẹrẹ
Progress	Ilọsiwaju
Quality	Dara
Reputation	Oruko
Revenue	Wiwọle
Risks	Ewu

The Media
Awọn Media

Commercial	Owo
Communication	Ibaraẹnisọrọ
Digital	Digital
Edition	Edition
Education	Ẹkọ
Facts	Otito
Funding	Ifọwọwọrọ
Individual	Onikọkankan
Industry	Ise-Ise
Intellectual	Ogbon
Local	Ibile
Network	Rezo
Online	Online
Opinion	Ero
Public	Ìgbànà
Radio	Radio
Television	Tẹlivision

Time
Aago

Annual	Ododo
Before	Niwaju
Calendar	Kalẹnda
Century	Orunmila
Clock	Aago
Day	Ojo
Decade	Ọjọọ Ọdun
Early	Tete
Future	Ojo Iwaju
Hour	Wakati
Minute	Iseju
Month	Osu
Morning	Owuro
Night	Oru
Noon	Osan
Now	Bayi
Soon	Laipe
Today	Loni
Week	Ose
Year	Odun

Town
Ilu

Airport	Oko Ofurufu
Bakery	Bekere
Bank	Ile-Ifowopamọ
Cinema	Cinema
Clinic	Clinic
Florist	Olododo
Gallery	Àwòrán
Hotel	Hotel
Library	Iwe Iwe
Market	Oja
Museum	Ile Ọnọ
Pharmacy	Ile Elegbogi
School	Ile Iwe
Stadium	Stadium
Store	Itaja
Supermarket	Ile ọja Nla
Theater	Ìtátà
University	University
Zoo	Zoo

Universe
Agbaye

Asteroid	Asteroid
Astronomer	Awọrọwọrọ
Astronomy	Irawo
Atmosphere	Atmosphere
Celestial	Sile
Cosmic	Cosmic
Darkness	Okunkun
Equator	Equator
Galaxy	Galaxy
Hemisphere	Hemisphere
Horizon	Horizon
Latitude	Latitude
Moon	Osusu
Orbit	Orbit
Sky	Sky
Solar	Orun
Solstice	Solstice
Telescope	Telescope
Visible	Ara
Zodiac	Zodiac

Vacation #2
Isinmi #2

Airport	Oko Ofurufu
Beach	Eto-Okun
Camping	Àgbà
Destination	Ìyànlọ́
Foreigner	Ajeji
Holiday	Isinmi
Hotel	Hotel
Island	Orílẹ̀-Èdè
Journey	Irin Ajo
Leisure	Afefe
Map	Map
Passport	Passport
Sea	Okun
Taxi	Taxi
Tent	Àgọ́
Train	Ọkọ-Irin
Transportation	Igbana
Visa	Visa

Vegetables
Awọn Ẹfọ

Artichoke	Atishoki
Broccoli	Ẹfọ
Carrot	Karọọti
Celery	Seleri
Cucumber	Kukumba
Eggplant	Igba
Garlic	Ata
Ginger	Atalẹ
Mushroom	Olu
Olive	Olili
Onion	Alubosa
Parsley	Parsley
Pea	Ewa
Pumpkin	Elegede
Radish	Radish
Salad	Salad
Shallot	Shaloti
Spinach	Owo
Tomato	Tomati
Turnip	Tunip

Vehicles

Awọn ọkọ Ayọkẹlẹ

Airplane	Okoofurufu
Bicycle	Keji
Boat	Okunrin
Bus	Bọọsi
Caravan	Karavan
Engine	Engan
Ferry	Fery
Helicopter	Helicopter
Motor	Moto
Raft	Raft
Rocket	Rocket
Scooter	Scooter
Shuttle	Sọrọ
Submarine	Submarine
Subway	Ọjọ̀ Ọrọ̀
Taxi	Taxi
Tires	Tire
Tractor	Tractor
Train	Ọkọ-Irin
Truck	Ọkọ Ayọkẹlẹ

Virtues #1

Awọn iwa Rere #1

Artistic	Iṣẹ Ọna
Charming	Pelu
Clean	Mọ
Curious	Iyaninu
Decisive	Iyanu
Efficient	Alagbara
Funny	Ewure
Generous	Olowo
Good	Rere
Helpful	Iranlowo
Independent	Ominira
Modest	Iwọwọrọ
Passionate	Ìfẹ́rẹ̀
Patient	Alaisan
Practical	Iwulo
Reliable	Gẹ́gẹ́gẹ́
Wise	Ologbon

Water

Omi

Canal	Canal
Evaporation	Evaporation
Flood	Omi
Frost	Frost
Geyser	Geyser
Humidity	Ọrọrọ
Hurricane	Ejiji
Ice	Yinyin
Irrigation	Irrigation
Lake	Lake
Moisture	Ọrọrin
Monsoon	Monsoon
Ocean	Òkún
Rain	Òjò
River	Odo
Shower	Iwọrọ
Snow	Òrò
Steam	Steam
Waves	Igbo

Weather

Oju Ojo

Atmosphere	Atmosphere
Calm	Tututu
Climate	Afefe
Cloud	Awọsanma
Drought	Ogbe
Dry	Ggbe
Fog	Fog
Hurricane	Ejiji
Ice	Yinyin
Lightning	Mànàmáná
Monsoon	Monsoon
Polar	Polar
Rainbow	Rainbow
Sky	Sky
Storm	Iji
Temperature	Igún
Thunder	Ara
Tornado	Tornado
Tropical	Tropical
Wind	Aseje

Congratulations

You made it!

We hope you enjoyed this book as much as we enjoyed making it. We do our best to make high quality games.
These puzzles are designed in a clever way for you to learn actively while having fun!

Did you love them?

A Simple Request

Our books exist thanks your reviews. Could you help us by leaving one now?

Here is a short link which will take you to your order review page:

BestBooksActivity.com/Review50

MONSTER CHALLENGE!

Challenge #1

Ready for Your Bonus Game? We use them all the time but they are not so easy to find. Here are **Synonyms**!

Note 5 words you discovered in each of the Puzzles noted below (#21, #36, #76) and try to find 2 synonyms for each word.

Note 5 Words from ***Puzzle 21***

Words	Synonym 1	Synonym 2

Note 5 Words from ***Puzzle 36***

Words	Synonym 1	Synonym 2

Note 5 Words from ***Puzzle 76***

Words	Synonym 1	Synonym 2

Challenge #2

Now that you are warmed-up, note 5 words you discovered in each Puzzle noted below (#9, #17, #25) and try to find 2 antonyms for each word.
How many lines can you do in 20 minutes?

*Note 5 Words from **Puzzle 9***

Words	Antonym 1	Antonym 2

*Note 5 Words from **Puzzle 17***

Words	Antonym 1	Antonym 2

*Note 5 Words from **Puzzle 25***

Words	Antonym 1	Antonym 2

Challenge #3

Wonderful, this monster  challenge is nothing to you!

Ready for the last one? Choose your 10 favorite words discovered in any of the Puzzles and note them below.

1.	6.
2.	7.
3.	8.
4.	9.
5.	10.

Now, using these words and within a maximum of six sentences, your challenge is to compose a text about a person, animal or place that you love!

Tip: You can use the last blank page of this book as a draft!

Your Writing:

NOTEBOOK:

SEE YOU SOON!

Linguas Classics Team

www.ingramcontent.com/pod-product-compliance
Lightning Source LLC
Chambersburg PA
CBHW082157120626
46553CB00010B/2924
* 9 7 9 8 8 9 6 7 0 9 9 9 2 *